한국
중화요리의
탄생

역사의 길 ⑩

한국
중화요리의
탄생

음식에 담긴 화교의 삶과 역사

주희풍 지음

이데아

살다 보면 때로는 고뇌에 찬 결단을 해야 할 때가 있다. "짜장이냐, 짬뽕이냐? 그것이 문제로다!"

짜장면을 먹으면 짬뽕을 먹지 못한 아쉬움을, 짬뽕을 먹으면 짜장면을 먹지 못한 아쉬움을 느낀다면, "그대는 한국인!" 이러한 고뇌를 다소나마 희석해 주는 요리가 이른바 '짬짜면'이다. 짜장면 반 그릇과 짬뽕 반 그릇의 믹스매치! 한국인의 중화요리에 대한 사랑, 정말 대단하다. 이렇듯 '짬짜면'에는 '음식의 또 다른 맛'이라고 할 수 있는 그것에 대한 '이야기'가 만들어지면서 또 하나의 재료로 '짬짜면'에 담긴다. 이 책에서는 한국의 화교 역사와 함께해 온 한국의 중화요리에 담겨 있는 '그 이야기'를 펼쳐내고자 한다.

개항기 인천은 영국의 이화양행(怡和洋行), 독일의 세창양행(世昌洋行), 미국의 타운센드(Townsend)상회, 일본의 서양식 호텔인 대불(大佛)호텔, 중국의 스튜어드 호텔 그리고 외국 자본에 맞선 단체인 인천항상협회(仁川港商協會) 등이 국제적 도시의 외관을 이루고 있었다. 이 시기 중국에는 세계에서 가장 큰 규모의 영국 식품가공회사 화기양행(和記洋行)이 있었다. 중국 전역에 지사를 둔 화기양행은 옌타이(煙台, 연태)와 칭다오(靑島, 청도)를 비롯한 중국 자오둥 지역에 투자를 확대했다. 이런 배경 속에서 게살 통조림, 일년감 즙(토마토 케첩), 과일 통조림, 죽순 통조림 등의 가공식품과 일본인, 서양인들이 즐겨 먹던 양파, 피망, 양배추, 당근 등 한국 중화요리의 식재료가 이미 인천을 통해 널리 퍼지기 시작했다.

1906년 인천에는 연남루(燕南樓), 동흥루(同興樓), 합흥관(合興館), 사합관(四合館), 동해루(東海樓), 흥륭관(興隆館) 등 중화요리 음식점이 있었다. 1912년에 개업한 "한국 최초의 짜장면을 만든" 공화춘(共和春)보다 이르다. 이 시기 세계 주요 국가에서는 인천처럼 '중국시(中國市)'라는 중국 거리에 중화요리 음식점이 즐비했다. 독립운동가이자 언론인, 교육자인 이관용(李灌鎔, 1894~1933) 박사가 1925년 《동아일보》 특파원 신분으로 취재 형식의 '구라파구경(歐羅巴求景)'을 연재한다. 1925년 8월 16일자 네 번째 이야기 〈백림중국요리점(伯林中國料理店)〉에서 확인할 수 있다.

만일 黃禍論(황화론)이 事實(사실)을 基礎(기초)로 한 것이라면 이것은 中國料理(중국요리)의 "平和的侵入(평화적 침입)"을 가리쳐 말한 것입니다. 十餘年前(십여 년 전)에 倫敦(윤돈)에서 가장 繁華(번화)한 "피캐들리" 街(가)에 잇는 探花樓(탐화루)라는 中國料理店(중국요리점)에 倫敦(윤돈)의 遊俠客(유협객)이 集中(집중)하는 것을 보고 우리는 驚歎(경탄)하엿습니다. 米國(미국)의 重要都市(중요 도시)에는 中國料理店(중국 요리점) 업는 곳이 업스며 巴里(파리)에도 발서 三四處(삼사처)나 잇스며 인제 와서는 伯林(백림)에까지 생기여 新聞紙上(신문지상)에는 이에 對(대)하야 紀行文(기행문)까지 揭載(게재)되엿습니다. 二三個月間(이삼 개월간) 밥을 주린 나는 伯林(백림)의 "中國市(중국시)"라고 할 만한 "솰로텐부억" 區域(구역) "칸트" 街(가)에 잇는 中國料理店(중국요리점)을 차젓습니다.

食堂內(식당 내)에는 數多(수다)한 中國留學生(중국 유학생)이 우덱이무덱이 안저서 或(혹)은 討論(토론)하고 或(혹)은 新聞紙(신문지)를 읽고 或(혹)은 美麗(미려)한 伯林處女(백림 처녀)와 情談(정담)을 속살거림니다. 한편에는 日人(일인)들이 안저서 旅行中經驗(여행 중 경험)한 冒險談(모험담)을 交換(교환)하고 다른 편에는 獨逸男女(독일 남녀)가 서로 뺨을 대인 듯이 情(정)답게 안저서 葡萄酒(포도주)를 마시고 안젓습니다. 〔〕는 필자.

짜장면은 중국에서는 민국(民國, 1912년) 이후 베이징의 한 다관(茶館)에서 처음 만들어졌다는 기록이 있다. 짜장면의 베이징 탄생설은 중국에서는 기정 사실이다. 작가이자 중국인민대회당 수석요리사였던 우정거(吳正格)는 《중국 경동 요리계통(中國京東菜系)》에서 "짜장면을 먹고자 하거든 짜오원(灶溫)으로 가라(要吃炸醬麪, 得到灶溫去)"고 했다. 짜오원은 민국 초에 개업한 식당(다관)이고, 다관 손님들에게 자주 짜장면을 내놓았다고 한다. 현재 중국에서는 이곳에서 짜장면을 제일 먼저 만들어 판 것으로 보고 있다.

짜장면 베이징 기원설을 입증하는 자료는 더 있다. 베이징 생활에서 느끼는 고독과 외로움, 따분함과 지루함을 담은 중국 근현대 문학의 거장 루쉰(魯迅, 노신 1881~1936)이 쓴 소설 《분월(奔月)》에서 창어(嫦娥, 항아)가 '까마귀 짜장면(烏鴉炸醬麵)'을 매일 먹고, 중국의 저명한 소설가이자 극작가인 라오서(老舍, 1899~1966)가 쓴 연극 《다관(茶館)》에도 짜장면이 등장한다. 이 외에도 다수의 문학작품에 짜장면이 등장하는데, 모두 베이징의 다관을 배경으로 한다. 그리고 짜장면의 짜장에서 빼놓을 수 없는 재료 '톈몐장(甛麵醬, 첨면장)'은 베이징의 특산물이다. 베이징 오리를 찍어 먹는 장이 바로 톈몐장이다.

한편, 이 시기의 베이징 짜장면을 기억하는 한국인이 있다. 바로 북한의 고고학자 도유호(都宥浩, 1905~1982)다. 그는 1929년 당시 서울 경성고등상업학교를 졸업하고 곧바로 베이징 연경대학문학원(燕京大學文學院)에서 1년간 수학한 뒤 이듬해 유럽으로 떠난다. 1930년 베이징에서 유럽으로 떠나는 여행기를 신문에 연재하는데, 1930년 9월 6일자 동아일보에 연재된 내용이 매우 흥미롭다.

"길거리 左右(좌우)로 여긔저긔 사람들이 往來(왕래)하는 한가에는 食卓(식탁)과 椅子(의자)가 곳곳이 노여 잇스니 이 것도 伊太利(이태리)에 特殊(특수)한 것 中(중)의 하나이랍니다. 이 路傍食卓(노방식탁)에 안저 '마카로늬'에 葡萄酒(포도주)를 마시며 한편으로 구든 麵包(면포)에 앵화(櫻花) 씹는

8

것이 伊太利[이태리]를 맛보는 데는 가장 빨은 길이 아닐는
지오. 그날 저는 저녁으로 '마카로늬'를 먹엇습니다. 마카로
늬 中[중]에는 中國[중국] 국수에 彷佛[방불]한 것도 잇스니
그날 저녁 제가 먹은 게 바로 그것입니다. 이 국수에 단초
장 맛 나는 '켓접' 처 노혼 게 燕京食堂[연경식당]서 먹든 炸
醬麵[작장면]과 어찌면 그리도 갓습니까. 하도 맛나기에 한
번에 세 그릇을 집어셋습니다. 飮食店[음식점] 아즈머니도
알어채럿는지 담뿍 담모다 줍니다. 〔〕는 필자

'마카로늬'는 파스타를 가리키고, '면포(麵包)'는 서양식 빵을 일컫
는 중국어로 '구든 면포'는 바게트를 가리킨다. '앵화(櫻花)'는 앵도(櫻
桃) 즉 앵두인데 오타이며, '초장 맛 나는 켓접'은 토마토 케첩을 가리
킨다. '燕京食堂[연경식당]'은 베이징의 식당을 가리킨다. 파스타를 베
이징에서 경험한 짜장면과 비교하는 것으로 보아 그 시기 한국에는
짜장면이 없었거나 적어도 대중화하지는 않은 것으로 보인다. 유럽
의 면 요리를 중국의 면 요리인 짜장면 같다고 한 것이 매우 흥미롭
다. 사실 가장 원형에 가까운 짜장면의 짜장을 찾는다면 다진 양파
가 빠진 유니간짜장의 짜장을 들 수 있다. 장(소스)만 다르지 미트소
스 스파게티와 매우 유사하다. 도유호가 파스타를 짜장면과 비교한
이유가 바로 여기에 있지 않나 생각해 본다.

짜장면은 근대 서구의 문화가 중국 베이징의 문화와 만나는 시기
에 베이징의 한 다관에서 만들어졌다. 이 시기가 지금으로부터 110
년 남짓 전인데, 어째서 우리는 지금으로부터 140년 전 한국 짜장면

의 최초를 찾고 있을까?

한때 짜장면의 표기법 논란이 있으면서 "짜장면의 시초가 현재 인천 차이나타운에 있는 짜장면박물관의 전신인 '공화춘(共和春)'이고, 짜장면은 중국에서 한국에 진출한 중국인 부두 노동자들이 값도 싸고 간편하게 먹을 수 있도록 채소와 고기를 넣고 볶은 춘장에 국수를 비벼 먹는 음식"이라는 탄생 배경이 아울러 나오게 되었다. 공화춘은 인천광역시 중구 선린동에 있는 옛 고급 중화요리 식당이었으며, 대한민국의 등록문화재 제246호다. 1912년에 개업한 공화춘은 대한민국에서 짜장면을 최초로 개발해 판매한 곳으로 알려져 있다. 이 식당은 산둥(山東) 옌타이 무핑(牟平) 출신의 화교 위시광(于希光, 우희광 1886년~1949년)이 1912년에 개업해 운영하다가 1983년에 폐업했고, 2012년 4월에 짜장면박물관으로 개관해 운영되고 있다. 짜장면은 중국 산둥 지역의 가정식이었던 자장몐(炸醬麵)이 한국인의 입맛에 맞게 변형되어 만들어진 음식이라고 한다.

한편, 짬뽕은 나가사키짬뽕(長崎ちゃんぽん)에서 유래했다는 설이 지배적이다. 예전에는 '지나우동'이라고 불리기도 했다는데, 1899년 중국 푸젠성(福建省)에서 일본의 나가사키(長崎)로 이주한 천핑순(陳平順, 진평순, 1873~1939년)이라는 사람이 처음 개발했다고 한다. 시카이로(四海樓)에서 중화요릿집을 운영했던 천핑순이 나가사키에서 생활하고 있던 화교나 중국 유학생을 위해 저렴하면서도 푸짐하고 영양도 풍부한 메뉴를 고민하다가 그곳에서 쉽게 구할 수 있었던 해산물을 이용해 개발했다는 것이다. 시카이로의 2층에는 짬뽕박물관이 마련되어 있다. 나가사키짬뽕의 원형은 중국 푸젠 요리인 탕러우시몐(湯肉絲

麵, 일본명 톤니시이멘)이라고 하는데, 면을 주로 하여 돼지고기·버섯·죽순·파 등을 넣는 국물이 있는 요리다. 당시 천핑순이 식당에서 쓰다 남은 여러 가지 식재료를 가지고 짬뽕을 만들어낸 것이라고 한다.

공화춘의 짜장면과 시카이로의 나가사키짬뽕, 이 두 음식이 가지고 있는 공통된 내용을 정리해 보면 다음과 같다.

첫째, 당시 두 식당은 모두 규모가 큰 유명한 고급 요릿집이다.

둘째, 이 두 음식은 주머니 사정이 그리 좋지 않은 이들을 위한 저렴한 음식이다.

셋째, 공화춘은 짜장면을 최초로 개발한 식당이고, 시카이로 역시 짬뽕을 최초로 개발한 식당이다.

넷째, 이 두 음식의 원형을 점주의 고향에서 찾을 수 있다.

다섯째, 이 두 음식점은 모두 차이나타운에 있다.

여섯째, 이 두 음식점은 모두 박물관을 운영하고 있다.

그런데 위 공통된 내용을 살펴보다 보면 다음과 같은 모순점이 발견된다.

첫째, 규모가 상당한 고급 요릿집에서 경제 논리에 맞지 않게 남루한 노동자와 가난한 유학생을 위해 저렴한 음식을 개발해 팔았다.

둘째, 점주들의 고향에는 짜장면, 짬뽕과 동일한 음식이 존재하지 않는다.

셋째, 음식의 최초 개발에 관하여 이견이 많다.

한국과 일본은 지자체 간 차이나타운 유치 열기가 치열하기로 대표적인 나라다. 애석하게도 한국과 일본의 차이나타운은 음식점만 즐비한 관광지 음식점 거리다. 여기서 다소 어울리지 않을 수도 있는 이야기를 하나 들자면, 중국 백두산(중국명 장백산) 천지에 괴물이 출몰한다는 입소문과 초점 흐린 사진으로 지자체의 관광 수익이 1200퍼센트 이상 늘었다는 이야기가 있다. 이 이야기는 영국의 '네스 호수의 괴물'과 너무나도 같지 아니한가.

앞서 말했듯이 짜장면은 중국 산동 지역의 가정식이 아닌 베이징 다관(茶館)에서 팔던 고급 국수 요리이고, 짜장면이 생겨난 시기는 1912년 전후다. 게다가 당시 국수는 지금처럼 흔히 먹을 수 있는 음식이 아니라 잔치 때나 먹을 수 있는 음식이었다. 특히 한국에서는 더욱 그러했다. 이것을 한국에 진출한 중국인 부두 노동자가 값도 싸고 간편하게 먹을 수 있어 먹었다고 하니, "지금의 잣대로 과거를 잰" 격이 아닌가.

또 하나의 예를 들면, 공화춘은 1912년 주식회사 형태로 창업했으며 창업자는 우희광이 아니었다. 짜장면박물관에 소장된 1914년 주식증서를 보면, 공화춘의 창업자는 화상(華商, 무역업에 종사하는 화교) 궈추팡(郭秋舫, 곽추방)이고 우희광은 그 후 1922년 즈음 공화춘을 경영한 것으로 보인다.

한국의 중화요리에는 '한화, 여한화교(韓華, 旅韓華僑)' 즉, 한국의 화교가 빠질 수 없다. 특히 화농(華農)이 빠질 수가 없는데, 요리라는 것이 재료 없이는 만들 수 없는 법, 화농의 출현이 한국 중화요리 발전에서 큰 부분을 차지한다.

1914년 5월 16일 공화춘 주식증서.
(짜장면박물관 소장)

1922년 1월 15일 공화춘 주식증서.
(짜장면박물관 소장)

한국의 화교는 다른 나라 화교들과는 다른 것이 있다. 하나는 익히 알고 있는 화상지계(華商地界), 즉 중국 조계(租界)가 한반도 인천·부산·원산에 설치되었다는 것이고, 다른 하나는 유독 한국에만 존재했던 그들, 바로 한국 화교 사회의 '화농'이다. '화농'이란 농업에 종사하는 한국 화교를 말한다. '화농'은 한국에만, 그것도 인천에만 있었다. '화농'들은 당시 한국에는 없는 채소들의 씨앗을 중국에서 가져와 지금의 인천 지역에서 결구배추, 양배추, 양파, 토마토, 당근, 피망, 우엉 등을 경작하고 경영했다. 그러면서 인천중화농업회(仁川中華農業會)를 조직했는데, 이는 당시 인천 화교 사회에서 큰 비중을 차지하는 막강한 단체였으며 중화요리업에서 빠질 수 없는 재료의 생산자였다. 1930년 당시 회원은 228명이었다.

화교 사회에는 크게 화상과 화농, 화공(華工, 화교 노동자)이 있다. 화공은 화상과 화농, 그리고 다른 전문 업종의 종업원이라고 볼 수 있는데, 화공의 출현도 한국의 중화요리 발전에 크게 기여했다. 이른바 '스푸(師傅, 사부)' 요리사를 말한다. 이들 화공도 일찌감치 중화노공협

1930년 인천중화농업회 회원부.
(대만 중앙연구원 근대사연구소
소장, 소장번호: 03-47-191-02)

1930년 중화노공협회 인천지부
회원부.
(대만 중앙연구원 근대사연구소
소장, 소장번호: 03-47-191-02)

회(中華勞工協會)를 조직하면서 한국 화교 사회 발전에 큰 역할을 했다. 1930년 당시 회원은 인천에만 132명이었다.

그 후 1921년 10월 6일, 화교 사회에서 중화요리조합(中華料理組合)이 정식으로 생겨나면서, 한국에는 이른바 중화요리 전성시대가 도래한다.

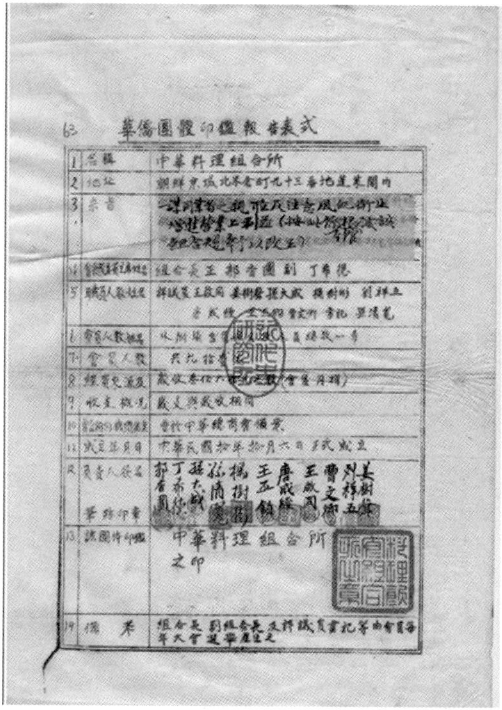

1933년 화교 단체 인감 보고 표식.
(대만 중앙연구원 근대사연구소 소장, 소장번호: 03-47-228-08)

01

고급 중화요리점 이야기

인천 화교 사회의 형성

조선 고종(高宗) 19년(1882) 한국과 중국이 중조상민수륙무역장정(中朝商民水陸貿易章程)을 체결한 후, 1884년 정월(正月)[1] 후베이성(湖北省)과 장쑤성(江蘇省) 출신의 두 중국인이 화상[2]의 신분으로 인천항에 온다.

외국인에게 여행의 편의를 제공하는 일종의 통행허가서인 집조(執照)가 있었으니 두 중국인 서한산(徐漢山), 대금명(戴金明)은 서류상으로 최초의 화상이라고 할 수 있겠다. 이 첫 번째 제1, 2호 통행허가서

---

1   집조에는 광서(光緒) 10년 정월(正月), 즉 1884년 음력 1월로 되어 있지만, 당시 인천항 입국자 명단에는 1883년 9월로 되어 있다.
2   華商. 지금은 중국 외 국가의 사업가를 통틀어 일컫는 명칭이지만, 20세기 초 중반까지는 '청나라' 상인이라는 인식이 있는 말이다.

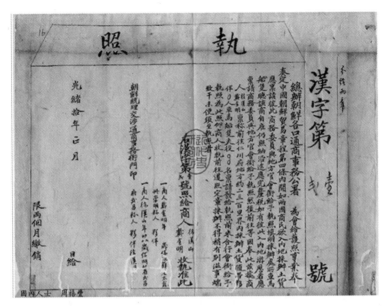

1884년 정월에 발행한 최초의 집조(통행허가서). (대만 중앙연구원 근대사연구소 소장, 소장
번호: 01-41-011-01)

를 요약하면 "중국과 조선의 무역 장정 제4조에 따라 위 두 명의 상
민(商民)이 인천부 약 이삼백 리(里) 계내(界內)에서 토산물을 구매할
수 있다"라고 하여, 조선의 통리교섭통상사무아문(統理交涉通商事務衙
門)과 중국의 총판조선각구통상사무공서(總辦朝鮮各口通商事務公署)에
서 비준해 준다는 내용이다. 이보다 몇 달 앞선 1883년 9월에 중국
은 현재의 선린동에 조계지를 계획한다.

이 계획도는 왼쪽의 일본 조계와 위쪽 각국 조계의 분계 도로가
분명하고, 현 선린동 내의 초창기 길들을 가늠할 수 있는 자료다. 또
한 각국 조계(各國租界)가 중국 조계보다 먼저 설치되었다는 것을 확
인할 수 있는 자료이기도 하다.

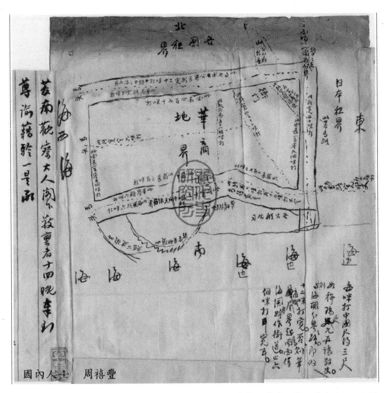

1884년 1월 12일 제도한 인천 화상지계 실지조사 초안. (대만 중앙연구원 근대사연구소 소장, 소장번호: 01-41-004-01)

　　1884년, 한국과 중국은 '인천구화상지계장정(仁川口華商地界章程)'을 체결한다. 이 무렵 서울의 화상들은 '삼방(三帮)'을 중심으로 '중화회관(中華會館)'을 설립한다. '중화회관'이란 "해외의 화상과 상민 등을 위한 시설로 각 조직과 단체 혹은 민간 시설 등이 모여 있어 해당 지역 관공서와 본국의 영사관 등과 교섭하는 곳"이라고 말할 수 있다. '삼방'이란 '광방(廣帮)', '남방(南帮)', '북방(北帮)'을 말한다. 다시 '광방'은 광둥성(廣東省) 화상을, '남방'은 화난(華南) 지역의 상하이(上海)·안후이성(安徽省)·저장성(浙江省)·후베이성·장쑤성·푸젠성·후난성(湖南省) 등의 화상을, 북방은 허베이성(河北省)·둥베이(東北)·텐진(天津), 산둥성(山東省) 등의 화상을 말한다. 1933년 통계에 따르면, 인천의 광방은 1889년 광방회관을 설립하고 1933년 당시 의생성(義生盛) 안에 주소를 두었다. 남방은 1913년 남방회관을 설립하고, 1933년 당시 중화회관 내에 주소를 두었다. 북방은 1891년 북방회관을 설립하는데 그후 산둥동향회(山東同鄉會)로 명칭을 변경하고, 선린동 50번지에 주소를 두었다. 이때 베이징의 경방(京幫)도 있었는데, 회원과 세력이 비교적 미미했다.

이 시기 서울의 화상들은 현재의 인천 선린동 '평치(平治)'에 관심이 많았다. '평치'는 다른 말로 '평지(平地)'라고도 하는데, 땅을 평평하게 다지거나 석축을 쌓아 땅에 높낮이를 맞추는 것이다. '삼방'은 각출을 해서 서울의 중화회관을 설립하는 동시에 현재의 인천 선린동 '평지'에 많은 공을 들였다.[1] '평지'는 점포 건물을 짓는 데 가장 중요한 기초로, 당시 일본과 각국은 자신들의 조계지에 화상들을 유치하려고 많은 혜택을 주었다. 중국에서는 화상들에게 더 많은 혜택을 주면서 광방 화상들을 유치하느라 신경을 많이 썼다.[2]

1884년 음력 5월(윤년)만 해도 지금의 선린동에는 12개 남짓의 상점이 있었다. 눈에 띄는 상점으로는 '왕흥륭 세탁작업(王興隆洗衣作)', '대합순 저육정육점(戴合順猪肉店)', '서홍성 정육점(徐洪盛肉店)', '이상 목재소(李祥木店)' 등이 있었다. 인천 앞바다에 주둔하고 있는 각 나라의 군인들을 상대로 영업을 했던 것으로 보인다.[3] 그리고 서홍성 정육점과 대합순 저육정육점은 최초의 화상 서한산과 대금명이 운영한 것으로 추정된다. 이 무렵 조선이 중국 톈진에 공관을 설립했는데, 대원(大員) 남정철(南廷哲), 종사관(從事官) 박재순(朴載純), 서기관(書記官) 성기운(成岐運), 반상(伴倘) 박창규(朴昌奎), 이재환(李載煥), 통사(通事) 박영조(朴永祚), 수종(隨從) 만흥(萬興), 봉인(鳳仁), 학신(學臣), 용석(用石) 등이 조선 주톈진 공관(朝鮮駐天津公館) 인원이었다.[4]

1905년, 인천의 삼방은 1894년 이후 방치하고 있는 조선 최초의 전보국인 한성전보총국(漢城電報摠局) 인천분국을 수리하여 인천중화회관을 설립했다. 현재는 선린동 8번지 동쪽으로 인천화교협회가 들어서 있다.[5] 당시 인천중화회관에는 삼방들의 회의실과 도서관, 열람실, 인천화교학교의 전신인 화영학당(華英學堂) 등이 운영되었고, 구락부(俱樂部)와 삼방 중 남방의 남방회관(南幇會館)이 있었다.

1906년 인천중화회관의 지출 내역에 직원들의 급여와 화영학당 교습(敎習, 학관의 명칭)에 소요된 급여와 잡비, 그리고 일본과 중국 순찰원(巡察員)과 포도(捕盜) 인원의 급여, 청소부·정화조 청소부·야경꾼의 급여, 전화비, 가로등 기름값 등의 유지비가 포함된 것으로 보아 인천 화교 사회가 이미 번성한 것을 알 수 있다. 당시 현재의 선린동에는 원단 상점 16곳, 수입품 상점 세 곳, 임대업 회사 한 곳, 양복점 세 곳, 잡화점 57곳, 객잔 여섯 곳, 주점 여섯 곳 등이 있었고 156가호의 540명이 밭농사를 지었다. 통계에 따르면 상호 91곳, 242가구, 남성 1509명, 여성 58명, 그리고 중국과 한국을 왕래하는 150여 명이 있었다.[6]

1910년 이후 화교 사회에는 이교(理敎)와 기독교의 교회, 근대 교육기관인 공립인천화교소학교(公立仁川華僑小學), 피병원(避病院) 등이 생

1904년 이전에 제도한 인천 화상지계(華商地界), 즉 청국조계지(淸國租界地) 배치도. (대만 중앙연구원 근대사연구소 소장, 소장번호 02-35-055-01)

겨 사회가 갖춰야 할 기초적인 인프라가 구축되었다. 위의 그림은 현재의 선린동의 당시 배치도다.

위 배치도는 1904년 제작한 것으로 상수도와 하수도 그리고 '평지'를 한 내용이 잘 나와 있다. 우물 네 곳이 상수도에 해당하고, 도로 양쪽 도랑들이 하수도에 해당한다. 곳곳의 석축들은 '평지'를 한 흔적이고, 가로수와 계단 등이 비교적 상세하게 표시되어 있다. 그리고 '청·일분계도로'가 1904년 이전에 '청일조계지계단'으로 조성되었다는 것도 확인할 수 있다.

인천의 고급 중화요리점 흥행

한자 문화권에서 '요리(料理)'가 '처리하다', '정리하다' 등의 의미에서 '술안주', '음식' 등으로 파생된 나라는 일본이다. 당시 화상들이 언제부터 '요리'라는 어휘를 사용했는지는 정확히 알 수 없지만, 인천 화교 사회에는 유명한 고급 중화요리점이 몇 곳 있었다. 객잔과 주관(酒館, 주점)은 고급 중화요리점의 전신인데, 객잔과 주관의 차이는 2층에 숙박 시설을 두었는지에 있었다. 인천의 화교 사회가 형성되고 화농[1]과 함께 번성함에 따라, 우물이 있는 네 곳 부근에 고급 중화요리점이 생겨나기 시작한다. 1911년 '특등요리(特等料理)'와 '지나요리(支那料理)'를 간판으로 내세워 개업한 동흥루(28쪽 그림), 1912년 '특등요리(特等料理)'를 간판으로 내세워 개업한 공화춘(共和春), 1915년 '베이징 우등요리점(北京優等料理店)'을 간판으로 내세워 개업한 중화루(中華樓),[7] 1921년 '광둥요리(廣東料理)'를 간판으로 내세워 개업한 의생성,[8] 그리고 1934년 무렵 '우등요리(優等料理)'를 간판으로 내세워 개업한 평화각(平和閣)이 있었다.

한편, 중화루의 개업 시기에는 이론이 있다. 인천의 중화루는 19세기 말 신축한 3층 건물인 대불호텔[2]을 중국 옌타이의 화상이 20세기

---

1 華農. 1912년 당시 현재의 선린동 1번지에 주소를 두고 왕승답(王承謂)을 초대 회장으로 인천화농회(仁川華農會)를 설립한다. 왕승답은 만취동(萬聚東)의 창설자이자 제1대 사장이다. 만취동은 1930~50년대 화상 최고의 무역회사였다.

2 大佛ホテル, Hotel DAIBUTSU. 중화루가 인수한 대불호텔은 일본인 호리히사

동흥루의 지나요리 간판과 특등요리 간판 그리고 의생성의 광둥요리 간판이 보인다. (출처: 화도진 도서관)

초에 인수하여 운영한 중화요리점이다. 근대 인천을 상징했던 이 화려한 건물은 인천 화교들의 다세대 주택을 마지막으로 1978년에 완전히 철거되었다. 등기부상 인천 중화루의 명의가 1922년에 이전되었고, 인천광역시립박물관에서 소장 중인 중화루 간판과 편액의 제작 연도도 1922년이다. 1920년대에 '중화루'라는 상호의 중화요리점은 서울에만 두 곳이 있었고, 평양·함성·사리원 등[9]에도 있었다.

타로(堀久太郎)가 1888년 기존 일본식 2층 목조 대불호텔 부지 바로 옆에 신축 완공한 3층 벽돌조 호텔이다. (손장원 외, 〈대불호텔의 건축사적 고찰〉,《한국 디지털 건축·인테리어학회 논문집》Vol.11 No.3 / 2011. 9.) 33~34쪽 참고.) 인천 중구 중앙동 1가 18번지에 있었던 이 건물은 1978년 완전히 철거되었다가 2018년에 복원하여 현재 '대불호텔 전시관'으로 사용하고 있다.

1960년대 평화각. (출처: 인천화교협회 부극정 제공)

1924년 3월 14일, 인천 중화루에서 특이한 광고 하나를 낸다. 중화루의 자급과 출납을 담당하는 임원을 해고한다는 광고다.[1] 임원을 해고하는데 신문 광고까지 내야 한다는 것은 법정 분쟁이 있었다

---

1   1924년 3월 16일에도 같은 광고를 낸다.

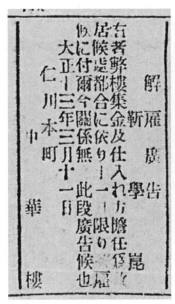

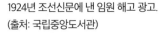

1924년 조선신문에 낸 임원 해고 광고. 　1940년대 후반 중화루. (출처: 중국 산둥성
(출처: 국립중앙도서관) 　　　　　　　　엔타이박물관)

는 것을 의미한다. 지금도 그렇지만 당시 화교 사회에서도 주주가 각
출하여 고급 요리점을 개업하거나 '청회(請會)'라는 것으로 개인 사업
을 개업하는 일이 있다. '청회'는 지인들에게 요청하여 소규모의 대출
을 받는 형식이다.

　1999년, 옌타이박물관에서 공개한 사진 2층 간판에는 '화기(和記)'
라는 두 글자가 있다.

　'기(記)'는 '호(號)', '성(盛)', '잔(棧)' 등 상호 뒤에 붙여 상호의 표식(表
式)으로 사용하는데, '기' 자는 다른 표식과 조금 다르다. 이를테면,
계약 당시 상점의 주소 때문에 상호 변경이 불가능한데 이미 상호의

30

인천 중화루 개업 20년 기념 점원 전체 촬영, 민국 24년 소춘(10월). (출처: 중국 산둥성 옌타이박물관)

소유주가 바뀌었을 경우 그 소유권을 구별하고 그 권리와 의무를 지기 위해 통상적으로 상호에 '기' 자를 표시한다.[11] 중국에서 '중화루(中華樓)'라는 말은 마치 한국의 '한국회관'처럼 요리점 상호로 흔하게 사용해서 '중화루기(中華樓記)'라고 하기보다는 중화루 앞에 '화기(和記)'를 쓴 것으로 추정된다. 1921년 중화루에서 대규모 단체 손님을 받은 것으로 보아[12] 1921년 이전부터 그 자리에서 영업했다고 보아야 할 것이다.

한편, 2009년 옌타이박물관에 소장된 또 한 장의 중화루 사진을 《옌타이일보(煙台日報)》가 공개했다. 이 사진은 인천 중화루 개업 20년을 기념하는 사진¹으로 인천광역시립박물관에서 소장하고 있는 인천 중화루 '파주림풍(把酒臨風)' 편액을 배경으로 하고 있다. 이 사진은 1935년에 촬영한 것이니, 중화루의 개업 시기를 1915년으로 단정할 수 있다.

화기 중화루의 창업자는 라이샤오징(賴紹晶, 뢰소정), 즉 라이원자오(賴文藻, 뢰문조)다. 라이샤오징의 손자 라이성위(賴聲玉, 뢰성옥)는 라이샤오징이 1930년대에 지병 때문에 중국으로 돌아가고 큰아들 라이지아성(賴家聲, 뢰가성)이 사장이 되고 그의 동종(同宗) 동생 라이지아리(賴家禮, 뢰가례)가 부사장을 맡았다고 회고한다. 라이성위는 여섯 살 때 큰아버지 라이지아성과 큰어머니 리야오쿤(李耀坤, 이요곤)과 인천에 왔고 제3대 경영자 라이성화(賴聲華, 뢰성화)와 어릴 때부터 화기 중화루에서 자랐다고 한다. 라이성화는 라이지아리와 함께 인천에 왔다고 한다.¹³ 라이성위의 아버지 라이청주(賴誠久, 뢰성구)는 단지 경영에만 참여했다고 한다.¹⁴ 라이청주는 1920~30년 무렵 인천화교학교에서 선생으로 근무한 적이 있다. 공화춘 창업자 위시광의 손자 위신창(于心强, 우심강)도 인천화교학교에서 선생으로 근무한 적이 있다.¹⁵ 1940년대의 중화루 사진에서 아이를 안고 있는 여성은 라이지아리의 부인이고, 오른쪽에서 네 번째 검은색을 옷을 입고 있는 남성이 제3대 경영자 라이성화다.

화교 사회의 고급 중화요리 성행은 바로 '포판회석(包辦會席)'이다.

---

1 이 사진은《옌타이일보(煙台日報)》의 2009년 10월 8일 기사 〈또 한 장의 인천 중화루 사진을 보다(仁川中華樓右見老照片)〉를 통해 공개한 것이다.)

'포판회석'을 지금의 말로 하면 '행사 대행'이다. 1910년 이후 많은 단체와 조직이 만들어지는 가운데 발대식, 기자회견, 각종 기념식, 각종 모임 등을 고급 중국요리점에서 거행했다는 기사가 부지기수로 많다. 공화춘, 동흥루, 의생성, 평화각, 중화루 중 1920~30년대까지 가장 많은 기사가 난 곳이 바로 중화루다. 화상 친위광(秦裕光, 진유광, 1916~1999)은 회고록에서 중화루는 개업 직후 진기한 각종 요리로 사람들을 끌어모았으며 당시 매우 인기가 있었다고 했다. 특히 부유층과 부잣집 귀공자들의 유락 장소가 되기도 했고, 홀 안에는 프랑스에서 구입한 명품 그랜드 피아노를 비치하기도 했다.[16] 당시 중화루의 간판 요리는 잉어를 지진 요리와 고양이 요리라고 한다. 잉어를 지진 요리는 '훈어(燻魚)'라고 하는데, 중국 북방에서는 삼치로 '훈어'를 요리하고 남방에서는 잉어로 '훈어'를 요리한다. 고양이 요리는 용호투(龍虎鬪)라는 보양 요리인데, 광시성(廣西省)을 비롯한 일부 지역에서는 고양이와 뱀으로 요리를 하지만 그 외의 지역에서는 돼지고기와 장어 비슷한 드렁허리로 만든다. 실제로 인천 화교들 중에도 중화루의 용호투를 기억하는 사람이 있다.[17]

한국 화교의 연회 요리 쓰얼바

완연한 봄기운이 느껴질 때면 차이나타운의 중심이 되는 전국의 화교학교가 일제히 봄 학기를 맞는다. 늘 그렇듯 화교 사회에는 다시 활기가 넘친다. 인천에는 인천화교중산중·소학교(仁川華僑中山中·小學

1970년대 공화춘의 결혼식 사진.

校)가 있다. 봄 학기를 맞아 인천 전역의 화교 학생들이 차이나타운으로 등교한다. 차이나타운이 곧 등굣길이 되는 셈인데, 자연스레 중화 문화(中華文化)에 익숙해진다. 그러면서 하굣길에는 다시 한국 문화에 적응한다. 인천의 화교라면 공통된 추억 하나를 가지고 있을 것이다. 이는 인천의 화교 대부분이 인천화교중산중·소학교를 다녔기 때문인데, 봄 햇살 가득한 토요일 하굣길 공화춘(共和春)에서는 수줍은 신랑 신부가 결혼식을 올린다.

한국의 화교 사회에서는 "결혼식에 간다!"를 "쓰얼바(四二八) 먹으러 간다!"라고 하곤 한다. 토요일 학교가 끝나고 곧바로 학교 아래에 있는 공화춘에 가서 '쓰얼바'를 먹었던 추억은 인천 화교라면 누구나 있을 것이다.

쓰얼바. 대륙의 중국 사람들에게도 낯선 이것은 중국 자오둥(膠東) 옌타이(煙臺) 지역의 전통 연회 요리인데, 한국 화교 사회에서는 화

34

교 연회 요리의 대명사다. '쓰얼바' 외에도 '쓰야오류(四一六)', '쓰쓰바(四四八)', '쓰류바(四六八)', '시다완(十大碗)', '시얼훙(十二紅)' 등도 있고 '십전십미(十全十美, 완벽하다의 의미)', '사핑팔온(四平八穩, 안정의 의미)', '보보승고(步步升高, 승승장구의 의미)' 그리고 전설의 '팔선과해(八仙過海)' 등의 표현도 있지만, 결혼식이나 회식의 코스 요리를 통칭하여 '쓰얼바'라고 한다. 그것은 '쓰얼바'가 자오둥 옌타이 지역에서 가장 흔한 연회 요리이기 때문이다. 옌타이는 루차이(魯菜)를 대표하는 곳이라고 해도 과언이 아닌데, 특히 옌타이의 푸산(福山)은 요리 하나로 중국 전역에 이름을 떨친 곳이다. 한국 화교 사회의 전설인 옛 '공화춘'과 '중화루'의 대표들 역시 옌타이 사람이다.

한국 화교 사회에서는 연회가 있다고 하면 대부분 결혼식을 말한다. 그 밖에 돌잔치나 환갑잔치 등은 집에서 가족과 친인척끼리 조촐하게 한다. 지금은 한국 사람들처럼 뷔페에서 하기도 하지만, 결혼

옛 공화춘 오른쪽 간판. (짜장면박물관 소장)

식만큼은 고급 중화요리점에서 '쓰얼바'로 하는 것을 선호한다. 어쩌면 이것이 지금 화교 사회의 전통이 되어 버린 듯하다. 옛 '공화춘'의 간판 중 하나를 보면, '포판회석(연회 대행, 연회석 완비)'이라는 네 글자가 선명하다.

한국의 화교들은 결혼식만큼은 고급 중국음식점에서 올린다. 인천에서는 옛 '공화춘'이나 현재의 '중화루'에서, 서울에서는 '동보성(東寶城)'이나 '신동양(新東洋)' 등에서 결혼식을 올리곤 한다. 보통 결혼식 연회 요리로는 '쓰얼바', '쓰야오류' 정도로 한다. '쓰얼바(四二八, 428)는 네 가지 냉채(렁훈(冷葷))와 두 가지 고급 요리(다젠(大件)) 그리고 여덟 가지의 따뜻한 요리(싱젠(行件))가 갖추어져 총 14가지 요리가 나와야 한다. 여기서 고급 요리라고 하면 '제비집(燕窩)' 요리나 '샥스핀(魚翅)' 혹은 '해삼(海蔘)'이나 '왕새우(大蝦)' 혹은 '전복(鮑魚)' 그리고 '통째로 나오는 도미(加吉魚)'나 '통째로 나오는 닭(鷄)' 요리 등을 말한다. 같은 원리로 '쓰야오류(四一六, 416)'는 네 가지 냉채와 한 가지 최고급 요리, 여섯 가지 따뜻한 요리가 갖춰져 11가지 요리가 나온다. '쓰쓰바(四四八, 448)', '쓰류바(四六八, 468)'도 같은 원리다. 16가지 요리와 18가지 요리가 나와야 한다. 그러나 지금 한국 화교 사회에서는 형식적인 것만 갖추고 있을 뿐 일곱 가지에서 여덟 가지 요리만으로 이루어지고 있다. 주로 여러 가지 냉채를 한 접시에 담아내는 냉채 요리(拼盤, 핀판)로 시작해 전가복(全家福, 취안자푸), 왕새우 요리, 소고기 요리, 닭고기 요리, 마지막으로 고추잡채(青椒肉絲)와 꽃빵(花卷, 화젠)으로 끝나는 경우가 대부분이다.

사실 이 숫자로 이루어진 연회 요리의 이름에는 '함축된 의미'가

36

냉채 요리.

전가복.

왕새우 요리.

소고기 요리.

닭고기 요리.

고추잡채와 꽃빵.

있다. 자오둥 방언에서는 '쓰(四, 4)'는 일 사(事) 자와 발음과 성조가 같다. 따라서 해음(諧音)이 되는 '쓰'는 '일'의 의미가 함축되어 있다. 숫자 '6'과 '8'은 익히 알고 있는 '순조롭다'와 '대박 나다'의 의미가 함축되어 있고, '얼(二, 2)'은 '두 번', '야오(一, 1)'는 '야오(要)'와 그 발음과 성조가 같아서 '곧 ～～가 되다'의 의미를 함축하고 있다. 해음에 따라 '쓰얼바(四二八, 428)'는 '두 번의 대박'을 의미하고, '쓰야오류(四一六, 416)'는 '일이 곧 순조롭게 되다'를 의미한다. '쓰쓰바(四四八, 448)'는 '하는 일마다 대박'을 의미하고, '쓰류바(四六八, 468)'는 '일이 순조롭고 대박이 나다'를 의미한다. 또한 요리에 앞서 다과(茶菓)가 준비되어야 하는데, 이것을 '야줘몐(壓桌面)'이라고 한다. 차와 함께 과자를 미리 먹으면 술이 잘 받기 때문이다. 지금은 양파와 단무지 그리고 자차이(榨菜)가 그 자리를 대신하고 있다. 원래는 '허타오수(核桃酥)', '사치마(薩其馬)', '단가오(蛋糕)', '미싼다오(蜜三刀)' 등으로 구성된다. 이것들은 청나라 만주 민족의 문화로, 제사 때 올렸던 과자다. 따라서 '기원(祈願)'이라는 의미가 함축되어 있다고 할 수 있다. 현재 차이나타운 과자점에 가면 위에서 나열한 과자들을 맛볼 수 있다.

화합과 단합을 상징하는 원탁에서 음식을 돌려가며 즐기는 이른바 '중식 코스 요리'는 중국의 해음 문화로 똘똘 뭉쳐 '함축된 의미'를 가진 요리가 차례차례 나오는 '쓰얼바' 같은 중국 자오둥 지역의 전통 연회 요리를 기초로 한 것이다. 한국의 화교들은 '낡은 세상'과 '새로운 세상'이 혼란스럽게 공존하던 시대에 한국 사람들과 같이 지금까지 살아왔다. '새로운 세상'이 거듭될수록 낡은 세상의 '격식 차리기'는 점점 소홀해졌다. 말은 단어 너머에 있는 문화를 공유해야만

허타오수.
사치마.
단가오.
미싼다오.

온전히 서로에게 전달될 수 있는 것인데, 한국 화교들의 '쓰얼바'는 한국 사람들에게는 그 이상도 이하도 아닌 단순히 '중식 코스 요리'로 소개되는 것이 애석하다.

한국 화교의 결혼식 참석하기

결혼식 하객 입장에서 가장 중요한 것은 결혼식 음식이 아닐까 싶다. 하객들의 '본전 생각'의 잣대가 되는 이 음식은 동시에 혼주의 부와 체면을 상징하는가 하면, 때로는 혼주가 어느 문화권에 속한 사람인지 알 수 있게 하는 잣대가 되기도 한다. 많은 문화가 서구화된 지금 이 잣대가 더욱 유용하게 쓰인다. 한국 화교의 결혼식에서는 원탁 테

붉은 색 청첩장.

홍바오.

이블에서 지켜야 할 것이 상당히 많다.

옆의 그림과 같은 청첩장을 받게 되면 결혼식 하객의 자격이 쥐어
진다. 중국의 청첩장과 마찬가지로 한국 화교의 청첩장 역시 반드시
붉은색이어야 하며, 쌍희자라고 불리는 '囍(희)' 자가 곁에 씌어 있어
야 한다. 그 이유와 유래는 '알 수 없다'고 할 정도로 너무 많아서 '중
국의 전통'이라는 말로 포괄하는 것이 좋을 듯하다.

결혼식 부조금 역시 '囍' 자가 씌어 있는 붉은색 봉투에 담아서
낸다. 이것을 '홍바오(紅包)'라고 하는데, 우리처럼 흰색 봉투에 금일
봉으로 담아서는 안 된다. 흰색 봉투는 조의금을 낼 때 사용하기 때
문이다. 이것을 '바이바오(白包)'라고 한다. 붉은색이 경사의 상징이라
면, 흰색은 상사(喪事)를 상징한다. 그래서 하객 또한 되도록 흰색 옷
을 피하는 것이 좋다. 부조금 액수는 중국처럼 '6'과 '8'을 선호하지
는 않는다. 그러나 절대로 홀수여서는 안 된다. 짝수를 중국어로 쌍

슈(雙數)라고 하고 홀수를 중국어로 '단슈(單數)'라고 하는데 홀수의 단(單)에는 '혼자'라는 뜻이 있기 때문이다. 부조금을 '福(복)' 자가 씌어 있는 '홍바오'에 담아서 내기도 하지만, 엄밀히 따지면 '福' 자가 있는 '홍바오'는 세뱃돈을 줄 때 쓴다. 가끔 수지가 맞아서 되려 '홍바오'를 받아 오는 경우도 있다. 결혼식장에서 친척 어른을 만났을 때, 특히 한 원탁 테이블에 앉았을 때 친척 어른들이 '홍바오'를 줄 때가 있다. 이때 주는 '홍바오'를 '야야오첸(壓腰錢)'이라고 하는데, 아이의 허리춤에 꽂아 주는 것이 관습이다. '야야오첸'은 '잡귀를 누르다'라는 의미인 '야야오(壓妖)'와 해음이 된다. '잡귀를 누르는 돈'이라는 의미로 아이가 건강하게 크길 바라는 마음을 담아 '야야오첸'을 주기도 한다.

중화권에서는 일반적으로 연회를, 특히 결혼식은 원탁 테이블에서 치른다. 원탁 테이블은 결혼식의 규모를 나타내는 단위로도 사용된다. 한국 화교 사회의 원탁 테이블은 주로 10명이 앉는데, 결혼식 하객이 50테이블 이상이면 화교 사회에서 지위가 높은 혼주의 결혼식이라고 할 수 있다. 중국 사람들은 원탁 테이블에서 격식을 상당히 차린다. 어떤 공간에 원탁 테이블이 있을 때 그 공간 입구의 맞은편 세 자리가 상석이고, 등을 지는 세 자리가 아랫자리다. 당연히 양쪽의 네 자리는 중간 자리가 되겠다. 아랫자리와 중간 자리는 상석이 정해지면 구분하기 쉬워 그다지 격식을 차리지는 않는다. 중요한 것은 상석인데 상황, 장소, 목적에 따라 상석의 세 자리가 달라지기 때문이다. 만약 가족들끼리 외식을 한다면 세 자리 중 가운데 자리가 상석이 되고 오른쪽이 두 번째, 왼쪽이 세 번째가 된다. 그리고 오른쪽 두 자리와 왼쪽의 두 자리 마지막으로 오른쪽 아랫자리와 왼쪽 아랫자리 그리고 가운데 아랫자리가 된다. 직위가 있는 조직, 회사, 관공서 등에서도 이와 같은 순서를 따른다. 만약 청탁이나 감사의 뜻으로 마련된 자리라면 청탁하는 사람이나 감사를 전하는 사람이 상석의 가운데 자리에 앉아야 한다. 쉽게 말해 돈을 내는 사람이 가운데 앉고 위와 같이 오른쪽, 왼쪽 순으로 앉는다. 이때 상석 가운데 앉는 사람은 음식이 나올 때마다 양쪽 상석의 손님을 접대해야 하며, 그와 동시에 테이블의 분위기를 주도해야 한다. 만약 청탁이나 감사의 뜻을 전하는 이가 두 사람 이상이라든지, 두 가족이나 두 직위가 있는 조직이 한데 모여 원탁 테이블에 앉는다면 매우 복잡해진다. 이 부분이 결혼식 혼주가 가장 골머리를 앓는 부분이다. 결혼식에서는

결혼식장.

원탁 테이블에도 상석인 테이블이 있기 때문에 혼주 입장에서는 상당히 신경을 써야 한다. 통상적으로 무대 쪽 원탁 테이블이 상석이 된다. 하객은 무대 쪽 원탁 테이블을 피하고 중간부터 배치된 원탁 테이블에 앉으면 무난하다.

그렇다고 해서 원탁 테이블에 무턱대고 앉아서는 안 된다. 결혼식 하객의 자리에도 상석이 있기 때문이다. 앞의 사진과 같은 무대 중앙에서 신랑과 신부가 행진하는데, 행진하는 통로가 정면으로 보이는 세 자리가 상석이 된다. 이때는 연장자가 상석에 앉는다. 한국 화교의 결혼식은 앉은 자리에서 식순과 피로연을 즐길 수 있는 구조이기 때문에 식권을 받아야 하는 번거로움이 없다는 것이 특이하다. 지루하다면 지루한 식순이 끝나면 피로연이 시작된다. 이때 결혼식이 분주해지면서 피로연의 시작을 알리는 커다란 냉채 요리가 원탁 테이블에 올라온다. 냉채의 가짓수가 많을수록 고급 피로연 요리에 속한다고 할 수 있다. 그리고 연이어 나오는 두 요리가 결혼식 피로연의 수준을 결정짓는다.

요리가 올라오면 절대로 개인의 젓가락이나 숟가락을 사용해서는 안 된다. 요리에 딸려 나오는 공용 젓가락이나 숟가락이 있는데 그것을 사용하여 자기 앞접시에 적당히 덜어 먹는다. 이때 주의할 것은 연장자, 즉 상석에서 먼저 수저를 들어야 한다는 점이다. 요리는 10인분 기준으로 나오기 때문에 냉채 같은 음식은 한 점씩 먹는 것이 예의다. 고급 식재료일수록 딱 열 점이 나오기 때문이다. 운 좋게 일곱 명이나 여덟 명이 있는 원탁 테이블에 앉았다면 이러한 고뇌에서 비교적 자유로워질 수 있다.

냉채.

    한국 화교의 결혼식 피로연에서는 보통 일곱 가지 정도 요리가 나
오는데, 그중 두 번째 요리와 세 번째 요리가 가장 고급 요리다. 예전
에는 주로 해삼탕이 두 번째 요리로 나왔는데, 해삼탕의 주원료인 건
해삼의 가격이 너무 비싸져서 이제는 그 자리를 '전가복'이 대신한다.
그렇다고 해서 전가복이 결코 저렴한 요리는 아니다. 전가복이 상에
올라오면 '복을 나누자'라는 의미에서 옆 사람한테 덜어 주는 것이
관습이며 예의다.

    세 번째 요리로는 주로 왕새우 요리가 나오는데, 만약 머리가 제거
되지 않은 통닭 요리나 통째로 된 도미 요리가 나왔다면 머리가 상
석을 향해야 한다. 요리가 올라올 때 머리가 상석을 향하지 않았다
면, 그것을 상석으로 향하게 바로잡는 것이 예의다. 머리 '두(頭)'에는
'닿다'라는 뜻이 있는데, 닭이 가지고 있는 '길(吉)'의 의미에 '닿다'라
는 의미를 더해 그 뜻을 부각하기 위해서다. 도미는 중국 자오둥 방

언으로 '지아지위(加吉魚)'라고 하며, '집이 길하면서 넉넉하다'라는 의미를 갖는 '지아지위(家吉餘)'와 해음이 된다. 여기에 '닭다'를 더해 도미에 담긴 의미 역시 더욱 부각된다.

왕새우 요리의 새우 머리는 하늘을 향해야 한다. 이것은 혼주가 하객에 대한 예의를 갖추는 것으로, 새우는 팔딱팔딱 뛰기 때문에 '승승장구(步步升高, 보보승고)'라는 '함축된 의미'를 갖고 있는데 새우의 모양은 이것을 형상화한 것이다.

일곱 가지 요리가 나오는 동안에는 여느 한국의 결혼 피로연과 같은 모습이다. 건배도 하고, 노래도 부르고, 춤도 추며 신랑 신부가 테이블마다 인사를 다니기도 한다. 그러다가 주식인 국수가 나오는데, 국수의 의미는 한국 결혼식에서 먹는 국수의 의미와 같다. 국수에는 신랑 신부의 결혼 생활이 오래도록 평안하게 이어지기를 기원하는 마음이 담겨 있다. 이 때문에 한 젓가락이라도 먹어 주는 것이 예의

전가복.

왕새우 요리.

다. 우연의 일치인지는 모르겠으나 한국 화교의 결혼식 요리에는 가끔 '반라오반위(拌勞板魚)'라는 홍어무침 요리가 나오기도 한다. 한국의 홍어무침과는 전혀 다른 형식의 무침 요리이지만 홍어를 무쳐 먹는 점이 한국과 같다. 이 요리가 갖는 의미는 '백년해로'다. 마지막으로 피로연이 끝나면 혼주가 답례로 하객들에게 사탕과 담배를 나누어준다. 이것을 시탕(喜糖)과 시옌(喜煙)이라고 하며, 이것을 나눠 주는 의미는 정확하게 알 수 없지만 주머니 한가득 담아 가면 결혼식 하객의 역할이 끝난다.

한국 중화요리 속의 쓰촨 요리

쓰촨(四川)은 내륙에 있는 분지라서 주변에 바다가 없다. 여름에는 덥고 겨울에는 추운 기후 때문에 고추, 후추, 생강, 마늘 같은 강한 향이 나는 양념을 요리에 많이 쓴다. 그래서 대부분 요리가 자극적으로 맵다. 쓰촨 요리의 매운맛을 일반적으로 '마라(麻辣)'라고 하는데, 이런 매운맛의 샤브샤브 즉 '마라훠궈(麻辣火鍋)'가 매우 유명하다. '마라'의 매운맛은 말로 표현하기가 쉽지는 않지만, '강한 매운맛 뒤에 혀끝이 저려오는' 매운맛이라고 할 수 있겠다. 1992년 한중 수교 이후, 2000년대 초중반까지만 해도 중국에서나 맛볼 수 있었던 '마라훠궈'는 현재 서울 대림동 일대에서 중국 동포나 중국인들이 운영하는 샤브샤브 식당에서 맛볼 수 있다. 우리의 매운맛과는 또 다른 느낌의 매운맛이다.

쓰촨 요리는 일반적으로 '촨차이(川菜)'라고 부른다. 촨차이는 크게 청두(成都) 요리 위주의 '샹허파(派) 요리(上河幇菜)', 충칭(重慶) 요리 위주의 '샤오허파 요리(小河幇菜)', 쯔궁(自貢)과 네이장(內江) 요리 위주의 '샤허파 요리(下河幇菜)'가 있다. 촨차이는 '중국 8대 요리' 또는 '중국 4대 요리' 중 하나다. 중국은 일찍이 춘추전국시대부터 양쯔강 중심의 화남 지역 요리와 화북 지역 요리에 차이를 두었는데, 당·송에 이르러 '화남 요리'와 '화북 요리'를 계통화해 화북은 짭짤하고 화남은 달짝지근하다는 특징으로 구분한다. 청(淸)에 들어와서는 '4대 요리'로 그 계통을 구분했으며, 그 후 청대 말 무렵 '4대 요리'를 '8대 요리'로 좀 더 세분화했다. '중국의 4대 요리'라고 하면 산둥성 일대의 '루차이', 쓰촨성 일대의 '촨차이', 광둥성 일대의 '웨차이(粤菜)', 장쑤성 일대의 '쑤차이(蘇菜)'를 뜻한다. 여기에 저장성 일대의 '저차이(浙菜)', 푸젠성 일대의 '민차이(閩菜)', 후난성 일대의 '샹차이(湘菜)', 안후이성 일대의 '후이차이(徽菜)'를 더하면 '중국 8대 요리'가 된다. 혹자는 베이징 요리의 '징차이(京菜)'와 상하이 요리의 '번방차이(本幫菜)'를 더하여 '중국 10대 요리'로 구분하기도 하며, 중국 동북 요리의 '둥베이차이(東北菜)'와 중국 서북 요리의 '시베이차이(西北菜)'까지 더해 '중국 12대 요리'로 구분하는 경우도 있다. 세분한다면 더 세분할 수 있는 것이 중화요리지만, 중국의 요리는 기본적으로 화남과 화북으로 나뉘고 나머지 계통들의 요리는 각각 '중국 4대 요리'에 그 뿌리를 둔다. 예를 들면, 베이징 요리와 동북 요리, 그리고 서북 요리 같은 경우는 그 뿌리를 산둥성 '루차이'에 두고 있어 '산둥 요리' 즉 '루차이'에 속한다. 특히 한국의 중화요리는 유독 '루차이'에 속하는 요리가 많다.

'중국요리(中國料理)' 또는 '중화요리(中華料理)'라고 하는 것은 중국 본토가 아닌 나라에서 일종의 '현지화'가 된 중국의 요리를 말한다. 그 나라의 중화요리를 보면 이주민, 즉 화교들의 문화를 유추할 수 있는가 하면, 그 문화를 토대로 다시 중화요리의 계통 또한 추정할 수 있다. 당연히 요리의 계통을 알면 그 나라 화교의 출신 지역 또한 알수 있다. 톈진을 포함한 중국 동북 지역을 본적으로 둔 화교들도 있지만, 한국의 화교들은 대부분 산둥성을 본적으로 두고 있어 한국의 중화요리는 '루차이'의 색채를 띠고 있다. 톈진이나 '동북 요리' 모두 '루차이'에 속하기 때문에 '루차이'의 색채를 띤다. 그러나 현재 한국의 중화요리에는 '루차이'를 기본으로 광둥성 일대의 '웨차이', 푸젠성 일

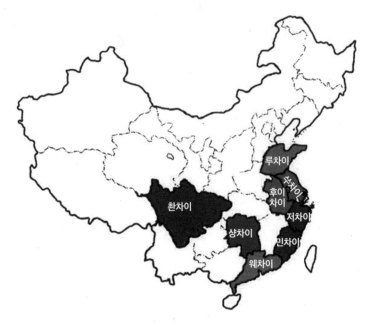

중국 요리 계통도.

대의 '민차이', 그리고 바로 쓰촨 요리인 '촨차이'가 혼합되어 있다.

　1992년 한중 수교 이전에는 거의 반세기 동안 양국 간에 교류가 없었다. '웨차이'는 홍콩, '민차이'는 대만과의 교류를 통해 유입될 수 있다고 하더라도, 지리적으로 중국 내륙에 있는 '촨차이'는 그러기가 불가능하다. 게다가 냉전시대의 이념 대립 구도가 절정이었던 시기여서 더욱 그러했을 것이다. 짜장면이 150원이었던 1970년대의 중화요리 업소의 메뉴를 살펴보더라도 모두 '루차이'에 속하는 요리만 있다. '잡채(炒肉)', '잡채양장피(炒肉兩張皮)'는 동북 요리이며 해삼탕(海蔘湯), 짜춘권(炸春卷, 자춘쥐안), 난자완스(南煎丸子, 난젠완쯔), 잡탕(雜伴, 자반) 등

52

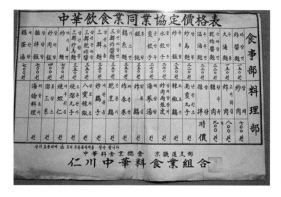

1974년 인천중화요식업
조합 협정가격표.
(사진 촬영: 인천화교협회,
짜장면박물관 소장)

은 전형적인 산둥성 요리다.

언제부터인지 지금 대중이 자주 이용하는 이른바 배달을 하는 '중국집'의 메뉴를 살펴보면, 탕수육만큼 인기 있는 '쓰촨 요리'가 있다. '깐쇼새우(乾燒蝦仁, 깐샤오샤런)'와 '마파두부(麻婆豆腐, 마포더우푸)' 그리고 '고추잡채(青椒肉絲, 칭자오러우쓰)'가 바로 그것이다. 여기에 잘 알려지지 않았지만 비교적 규모가 있는 중화요리 음식점에서 볼 수 있는 회과육(回鍋肉, 후이궈러우), 어향육사(魚香肉絲, 위샹러우쓰), 산라탕(酸辣湯, 쏸라탕) 등도 있다.

1970년대 후반부터 '사천 요리'가 중화요리를 대표하는 요리로 인식되었던 시절이 있었다. '사천'이라는 수식어가 붙은 국적 불명의 요리가 생겨날 정도였으니 '사천 요리'의 인기는 대단했다고 본다. '사천 탕수육'과 '사천짜장'의 탄생도 이 유행과 무관하지 않다. 1976년 2월 13일 《동아일보》에는 〈명성(名聲) 날린 사천 요리(泗川料理)〉라는 기사가 실렸는데, 한때 한국 중화요리의 상징과도 같았던 '중화루'의 명성은 온데간데없고 빛바랜 낡은 건물이 된 모습을 그렸다. 오자(四川을

泗川으로 표기했다)는 덤이고, 중화요리가 '사천요리'라는 인식을 가지고 있었다는 것을 알 수 있다. 1980년대 '한국 중국요리 음식 요금표'를 보면 '짬뽕', '우동', '덴뿌라'처럼 일본식 이름만 붙인 메뉴가 아닌 실제로 일본 사람들이 즐겨 먹는 메뉴를 찾아볼 수 있는데, 이 시절 한국의 화교들은 외국인으로서 출국이 비교적 용이했고 많은 화교 젊은이들이 일본으로 출국하여 일본 중화요리 음식점에 종사했다.

일본 화교들은 광둥성과 푸젠성 출신이 많아 일본의 중화요리는 광둥성 일대 '웨차이'와 푸젠성 일대 '민차이'의 색채를 띠지만, 한국과 마찬가지로 '쓰촨 요리'인 '촨차이'도 있다. 1958년, 쓰촨성 출신 중국계 일본인 1세인 천젠민(陳建民, 1919~1990)이 NHK의 《오늘의 요리(きょうの 料理)》에서 일본인의 입맛에 맞고 대체 가능한 재료를 활용한 요리를 소개함으로써 '쓰촨 요리' 센세이션을 일으켰다. 또한 천젠

왼쪽 깐쇼새우.
아래 왼쪽 마파두부.
아래 오른쪽 고추잡채.

민은 그 프로그램에서 소개한 레시피를 모두 공개하여 일본 전역의 중화요리 음식점에 '쓰촨 요리' 메뉴가 생기게 했다. 그중 한국의 '쓰촨 요리'인 깐쇼새우, 마파두부, 고추잡채, 회과육, 어향육사, 산라탕 등이 가장 인기가 많았다.

한국의 '찬차이'는 1958년 천젠민을 통해 일본에 소개되기 시작했고, 일본에서 '현지화'되면서 다시 한국 화교들을 통해 한국으로 들어와 한국의 중화요리로 자리 잡게 된다. 이 과정에서 '사천탕수육'과 '사천짜장' 같은 정체 모를 요리가 생겨났다. 얼마 전 TV 프로그램에서 매우 유명한 중화요리 셰프가 '사천 요리'의 진수를 보여준다면서 '사천탕수육'을 소개했다. 탕수육의 정확한 중국 명칭은 '탕추러우딴(糖醋肉段)'이다. 중국 산둥성 지역이 유명한 요리이며, 당연히 '루차이'에 속한다. 짜장면 역시 '베이징 요리'인데, 이 역시 '루차이'에 속한다. '루차이'는 '중국의 8대 요리' 중에서도 으뜸이고, '중국의 4대 요리' 중에서도 으뜸이다. 해삼탕의 정확한 명칭인 충바오하이선(葱爆海参)은 중국에서 더할 나위 없이 최고의 요리로 뽑힌다. 짜춘권(자춘쥐안)은 입춘에 먹는 계절 음식이며 춘쥐안(春卷) 요리 중 최고의 요리로 평가받는다. 난자완스는 108가지 요리로 유명한 만한전석(滿漢全席)을 구성하는 메뉴다. 잡탕(자반, 雜伴)의 정확한 명칭은 하이자반(海雜伴)인데, 후에 전가복(全家福, 취안자푸)으로 불린다. 1949년 10월 1일 신중국 건립 축하 만찬의 메뉴로 선정될 정도의 고급 요리로 해삼탕과 견줄 만한 요리다. 이름 때문에 그런 것인지, 아니면 너무 흔해서 그런 것인지 우리는 한국의 중화요리 '루차이'를 다소 무시하는 경향이 없지 않아 있다.

한국 화교 사회에서 '중국집' 접시닦이부터 주방장까지

'집'은 명사 뒤에 붙어서 물건을 팔거나 영업하는 가게를 뜻하는 순수 한국말이다. '갈빗집', '고깃집', '꽃집'이라는 단어처럼 중화요리를 파는 식당을 우리는 '중국집'이라고 해왔다. 예전 신문을 찾아보면 '중국집'이라는 말은 이미 1920년대부터 사용했음을 알 수 있다. '갈빗집'을 이제는 '가든'으로 부르는 것처럼, 1920년대의 '중국집'과 지금의 '중국집'이 갖는 사회적 의미가 매우 다르다. 한국의 화교들은 이 '중국집'이라는 말을 그들만의 말로 '중궈자얼(中國家兒)'이나 '중궈괄(中國館兒)'로 번역하여 사용했다. 사실 이 말은 국적이 없는 말로 한국 화교 사회에서만 쓰는 말이다. 한국의 화교라면 '중국집'이라든지 '중궈자얼'이라든지 '중궈괄'이라든지 하는 말을 지긋지긋하게 들었을 것이다. 집에서도 학교에서도 "공부 안 하고 '중국집' 할래?", "나중에 커서 짜장면 팔래?", "공부 안 하고 '중국집'에서 접시 닦을래?" 등이 부모님과 선생님들의 레퍼토리였다. 교육에서 '직업을 폄하하는 채찍질'이 아닐 수 없지만, 아이러니하게도 한국 각 지역의 화교협회 통계에 따르면 요식업을 운영하거나 요식업에 종사하는 화교가 가장 많다.

사실 '중국집' 접시닦이는 '중국집'에서 설거지를 하는 것이 아니라 '중국집' 주방의 한 직급을 말한다. 이 직급을 화교 사회에서는 '솨궈(刷鍋)'라고 한다. 중식 주방에서 가장 말단 직급이다. 요즘 TV 프로그램에서 뜨는 이른바 화교 출신 '차이니즈 레스토랑' 셰프들은 모두 '솨궈' 즉 '중국집' 접시닦이에서 출발한다. 규모가 큰 '중국집'의 주방

중화팬 솔.   중식 국자.

은 규모가 작은 '중국집', 이른바 배달하는 '중국집'과 상당히 다르다. 규모만큼 종업원 수도 많고, 직급에 따른 직책을 정확히 나눠 매우 체계적으로 운영한다. 따라서 '쇄궈'가 있는 '중국집'은 규모가 큰 음식점이다.

'쇄궈'는 1980년대 초까지만 존재했던 중식 주방의 직급이다. 먹여 주고 재워만 주면 기꺼이 한 푼 안 받고 기술을 배웠던 시절에나 존재했다. '쇄궈'의 주요 직책은 요리를 담을 접시를 물기 없이 깨끗이 닦아내고 스푸(師傅, 중식 주방에서 모종의 기술을 가지고 있는 사람)들이 요리를 마친 프라이팬을 닦는 역할을 한다. 그래서 얻은 이름이 '중국집' 접시닦이다.

위의 사진과 같은 솔로 스푸들이 요리를 하나 마칠 때마다 프라이팬과 국자를 깨끗이 닦아야 한다. 만약 실수를 하거나 동작이 민첩하지 못하면 커다란 국자로 머리를 맞는 일이 다반사다. "국자로 맞아가며 몰래 눈물을 훔쳤던 그 시절"이라는 드라마틱한 말이 여기서 나온다.

'중국집' 주방에는 '면장 보조'라는 직급이 있다. 화교 사회에서는

중화팬을 닦는 모습.   면장 보조.

'칸궈(看鍋)'라고 한다. 말 그대로 면장의 보조 역할을 한다. '면장'은 면(麵), 그러니까 밀가루와 관련된 모든 것을 총괄하는 직급을 뜻한다. '칸궈'는 바로 이 직급의 보조로서 찌는 것과 삶는 것을 도맡아 하는 직급이다. '면장'이 면을 뽑으면 면을 삶고, 면장이 만두나 꽃빵을 만들면 그것을 맡아 찐다.

　'쇄궈'가 없어진 현재 '칸궈'가 '중국집' 주방에서 가장 말단에 있는 직급이다. '칸궈' 바로 위 직급으로 '점표'라고 불리는 직급이 있는데, 화교 사회에서는 '칸달(看單兒)'이라고 한다. '칸달'은 말 그대로 점표를 보는 역할을 한다. '점표'란 손님이 주문한 메뉴를 적은 표를 뜻하며 웨이터나 웨이트리스가 받아온 주문을 '칸달'이 큰 소리로 주방 모두에게 들리게 외친다. 이를테면, "탕수육 하나 짬뽕 두 개 짜장 세 개요!"라고 외치는 것이다. 물론 이것을 중국어로 한다. 요즘에는 전부 기계화되어서 점표가 따로 있지는 않지만, 전에는 점표를 모두 한자로 썼다. 요리가 나오면 '칸달'은 웨이터나 웨이트리스에게 신호를 보내고, 한국어로 메뉴와 테이블 번호를 외친다. 이를테면 "탕수육 3번! 짜장면, 볶음밥 5번!"과 같이 말한다. 간혹 '중국집'에서 중국어를 배웠다는 사람

중국집 점표.

이 있는데, 바로 이러한 환경에 노출되어 있었기 때문이다.

'중국집' 주방은 세 개의 부문으로 나뉜다. 불을 뜻하는 '훠얼(火兒)'과 칼을 뜻하는 '둔얼(燉兒)', 그리고 면(麵)을 뜻하는 '몐알(麵案兒)'이다. 이것을 각각 한국어로 '프라이팬', '칼판', '면장'으로 부른다. 스푸가 되기 위한 기초적인 과정으로 '솨귀', '칸귀', '칸달'을 거쳤다면, 이제 '면장'인 '몐알'로 승진한다. 앞서 말했듯이, '몐알'은 밀가루에 관한 모든 것을 총괄하는 직책으로 면을 뽑거나 만두나 꽃빵을 빚는다.

왼쪽 몐알.
아래 왼쪽 '중국집' 만두.
아래 오른쪽 '중국집' 꽃빵.

중국집 '둔얼'.

'중국집' '훠얼'의 모습.

　'몐알' 생활을 어느 정도 하다 보면 세 가지 길을 선택할 수 있는 기회가 온다. 딤섬이나 중식 디저트 만드는 기술을 더 배울 수도 있고, '둔얼' 쪽으로 가거나 '훠얼' 쪽으로 갈 수도 있다. 딤섬과 중식 디저트는 또 다른 영역이라서 보통은 '둔얼' 아니면 '훠얼' 쪽으로 간다.

　'중국집' 주방에서 '둔얼'은 요리가 되는 모든 재료를 준비하는 역할을 한다. 식재료의 주문부터 신선도 관리까지 주방 살림을 도맡아 한다. 요리 주문이 들어오면 요리에 들어가는 모든 재료를 준비해 '훠얼' 쪽으로 넘긴다.

　'둔얼'에는 '셋째 칼판'이라고 불리는 싼둔얼(三燉兒)과 '둘째 칼판'이라고 불리는 '얼둔얼(二燉兒)' 그리고 '첫째 칼판'이라고 불리는 '터우둔얼(頭燉兒)'이 있다. 기술과 연륜에 따라 점차 승진하면서 '터우둔얼'이 되면 부주방장을 겸임할 수도 있으며, 기술과 연륜이 더 쌓이면 주방

60

중식 냉채.

중식 조각.

장으로 추대될 수도 있다. 우리가 익히 알고 있는 중식 냉채, 중식 조각, 중식 데커레이션 등을 모두 '둔얼'이 만든다.

'중국집' 주방장이 되기 위해서는 '칼판' 즉 '둔얼'보다는 '프라이팬' 즉 '훠얼' 쪽으로 가는 것이 비교적 수월하다. 아무래도 칼보다는 불을 더 잘 다루는 것이 중식 주방장 자질에 더 가깝기 때문이다. '훠얼'에서는 '튀김장'으로 불리는 '자훠(炸火兒)'가 있고 '둘째 프라이팬'이라고 불리는 '얼훠얼(二火兒)'이 있고 '첫째 프라이팬'이라고 불리는 '터우훠얼(頭火兒)'이 있다. '자훠'는 기름에 튀기는 것만을 담당하고 '얼훠얼'은 주로 식사나 간단한 요리를 담당하며 '터우훠얼'은 주방장과 함께 고급 요리에서부터 최고급 요리를 담당한다. '터우훠얼'도 '터우둔얼'과 같이 부주방장을 겸임할 수도 있으며 기술보다는 연륜이 쌓이면 주방장으로 추대될 가능성이 높다.

지금까지 규모가 큰 '중국집' 주방장이 되는 과정을 살펴보았다. 한국의 화교가 고등학교를 졸업하고 주방장이 되기까지 20년 정도 걸린다고 한다. 앞서 언급한 대로 화교 사회에서는 아이러니하게 요식업을 운영하거나 요식업에 종사하는 이가 가장 많다. 시대가 예전보다는 개방적이라고는 하지만 아직까지 한국의 화교 사회에서는 이 직업군을 이상적으로 생각하지 않는다. 면학용 채찍으로 사용되는 직업인데도 한국의 화교 사회에서는 이 직업을 가진 사람이 여전히 많다. 그 이유는 한국의 화교들은 고등학교 3학년이 되면 한국 혹은 대만에서 대입 시험을 볼 기회가 주어지는데 부모님, 선생님의 레퍼토리처럼 '짜장면 팔기 싫어'서 화교 사회를 떠났기 때문이다. 한국의 화교학교가 한국 화교 사회 형성에 크게 기여하는 동시에 한국 화교를 떠나보내는 매개가 되고 있다는 것 또한 아이러니가 아닐 수 없다. 화교가 있어 화교학교가 생겨났는데, 화교가 없어지면 화교학교는 어떻게 될 것인가? 결국 지금의 화교 사회를 지탱하고 있는 것은 "나중에 커서 짜장면 팔래?"라는 채찍을 맞아가면서 중식 국자로 맞으며 몰래 눈물을 훔친 그들이 아닌가 싶다.

02

—

면류 이야기

월병 이야기 속의 호떡 그리고 송편

"호떡은 '오랑캐가 먹는 떡'이 아니다! 중국 서역에서 넘어온 '호병'이다. 월병도, 공갈빵도 다 호병에 속한다. 반달 모양의 송편 알고 보니 사람의 잘린 귀 모양?"

중추지월(中秋之月)이 오고 열닷새 날을 가을의 한가운데라고 하여 '가위' 즉 '중추'라고 한다. 이날 한국에서는 가족끼리 한데 모여 반달 모양의 송편을 빚어 먹고, 중국에서는 보름달처럼 둥근 모양의 월병(月餠)을 먹으면서 상월(賞月) 즉 달구경을 한다. '가을의 한가운데'라는 공통되는 의미에 상이한 콘텐츠를 지니고 있다는 것은 흥미로운 일이 아닐 수 없다. 그러나 이러한 문화적 흥미는 한중 두 나라의 자문화 중심주의(ethnocentrism)로 전락하는 면이 없지 않아 있다. 이러한 자문화중심주의는 민족 간 또는 국가 간 협력을 모색하는 데 매우 큰 장애가 될 뿐 아니라 자기 문화의 발전을 위한 통찰을 얻는 데

송편(왼쪽)과 월병. (사진 : 서울 도향촌稻香村 제공)

에도 저해 요소로 작용한다. 그렇기 때문에 한중 양국의 문화적 갈
등을 줄이기 위해서는 문화적 상대주의(cultural relativism)의 관점을
생활화하는 일이 필요하겠다. 아무튼 송편이 반달 모양을 띠고 있다
는 것과 월병이 보름달 모양을 띠고 있다는 것에 이론(異論)이 있겠지
만, 송편이 영어로 'Half-moon Shaped Rice Cake'인 점과 월병이
영어로 'Mooncake'라는 점이 이것에 설득력을 실어준다.

중국 사람들은 '달' 하면 반사적으로 떠오르는 한 여인이 있다.
2004년 중국의 달 탐사 공정 이름에 이 여인의 이름을 딸 정도다. 심
지어 1969년 아폴로 11호가 달에 착륙한 뒤에도 이 여인이 언급되는
데, 다음은 지상의 연락원 로널드 에번스(Ronald Evans)와 사령선 조종
사 마이클 콜린스(Michael Collins)의 대화다.

095:17:28 Evans: Roger. Among the large headlines
concerning Apollo this morning, is one asking that
you watch for a lovely girl with a big rabbit. An ancient

legend says a beautiful Chinese girl called Chang-O has been living there for 4,000 years. It seems she was banished to the Moon because she stole the pill of immortality from her husband. You might also look for her companion, a large Chinese rabbit, who is easy to spot since he is always standing on his hind feet in the shade of a cinnamon tree. The name of the rabbit is not reported.

095:18:15 Collins: Okay. We'll keep a close eye out for the bunny girl.

095:17:28 로널드 에번스: 오늘 아침 신문에 나온 아폴로호에 대한 1면 기사 중 커다란 토끼와 함께 있는 사랑스러운 여인을 찾아봐 줄 수 없냐는 부탁도 있는데, 중국의 고대 전설에 따르면 상아(嫦娥, Chang-O)라는 예쁜 여인이 거기에 4000년 동안 살고 있다는 모양이야. 그녀는 남편에게서 불로초를 훔쳐서 달로 쫓겨났다더군. 여인과 함께 있다는 거대한 중국 토끼는 계수나무 그늘에 뒷다리로 서 있기 때문에 눈에 잘 띌 거라고 한다네. 토끼의 이름은 몰라.

095:18:15 마이클 콜린스: 알겠다. 그 토끼소녀를 찾아보도록 하겠다.

위에서 언급된 '상아'에 대한 이야기에는 중국 추석에서 빠지지 않는 단골 메뉴가 있다. 지금은 추석이 되면 가족 단위로 여행을 가는 것이 일반적이지만 해외에 거주하고 있는 중국 사람들의 추석 모습은 어린 시절 월병을 먹으며 어른께서 달을 가리키며 들려주던 '상아분월(嫦娥奔月)'의 이야기일 것이다. 한국 화교들은 여기에 다소 이질적인 송편이 더해져 있다. 특이하다고 하면 다소 특이한 모습이다.

'월병을 언제부터 먹기 시작했는가?'에서부터 '왜 월병을 먹는가?'까지 월병에 관한 이야기는 매우 많다. 많은 이야기 중 하나를 소개하자면 다음과 같다. 당나라 태종 때 이정(李靖) 장군이 흉노를 정벌한 뒤 투루판 상인이 승전을 축하하는 마음에 둥근 모양의 호병(胡餅)을 태종에게 바쳤다. 이때가 8월 15일이었는데, 태종은 호병을 상자에서 꺼내 "호병으로 달님을 초대한다"라고 외치고는 신하들과 함께 먹었다. 이때부터 중국에서는 8월 15일에 호병을 먹는 관습이 생겨났다고 한다. 그 후 양귀비와 함께 달구경을 하며 호병을 먹던 현종이 '호병'이라는 이름이 싫다고 하자, 양귀비가 "그러면 '월병(月餅)'으로 부르죠"라고 하여 그때부터 월병이라는 이름이 전해졌다고 한다. 정리하자면 투루판이 중국 서역이니 추석에 서역의 호병을 먹는데, 그 이름을 월병으로 개명한 것이다. '호(胡)' 자는 중국에서는 중국 북방 또는 서역 민족을 가리키는 글자이니, 호병은 '호(胡)' 민족이 먹은 '병(餅)'이라 할 수 있겠다. 호병은 한나라 반초(班超)가 서역에 다녀와서 전해진 음식이다. 《속한서(續漢書)》에는 "영제는 호병을 즐겨먹었다(靈帝好胡餅)"라는 기록이 있고, 중당(中唐) 시대의 시인 백거이는 〈기호병여양양만주(寄胡餅與楊杨萬州)〉라는 시를 지었을 정도이니 당시 호병의 위치를 충분히 가늠할 수 있다.

胡麻餅樣, 學京都.

麵脆油香, 新出爐.

寄如餅噱, 楊大使.

嘗看得似, 輔興無.

이 참깨병은 경도(京都)풍으로 만들어져

화로에서 바로 꺼내니 바삭바삭 구워진 것이 기름 냄새가

향기롭구나.

먹고 싶어 하는 귀한 님 양대사에게 드리니

고향인 보흥의 호병 맛과 비슷한지 맛보시라.

　백거이의 시에서도 알 수 있듯이 호병은 화로에서 구워낸 둥근 병(餅) 형태의 것을 말한다. 현재는 중국에서 이러한 것을 샤오빙(燒餅) 혹은 휘샤오(火燒)라고 한다. 샤오빙과 휘샤오의 종류는 셀 수 없을 정도로 많으며, 월병은 단지 그중 하나일 뿐이다.

　한편, 예전 한국에서는 호병가(胡餅家) 또는 호병상(胡餅商)이라고 하는 것이 있었는데, 바로 1920년대 '호떡집'의 한자 표기다. 사진 속 간판 중앙 상단의 '華商(화상, 화교가 운영하는 상점)'이라는 글자와 우측의 '包子(바오즈, 우리의 왕만두와 유사한 만두나 소가 든 찐빵)', 좌측의 '中華빵(중화 빵, 당시 중국의 병 종류를 말한다)'이라는 표기로 볼 때, 당시의 '호떡집'은 지금의 중국 과자점과 만두가게의 혼합 형태였던 것으로 보인다.

　호떡집은 중화요리점과 함께 당시 한국 화교들의 주요 생계 수단이었다. 이것을 한국에서는 '호떡집'이라고 불렀는데, 1931년 6월 2일

1959년 명동 거리의 호떡집 취천루.

자《동아일보》기사의 "쌀가루와 호떡 고물이 간간히 떨어저 잇섯다"라는 문장으로 보아 '호떡집'에서 파는 전통 중국 과자나 병 종류를 통틀어 '호떡'이라 불렀던 것으로 보인다.

《중국인 디아스포라: 한국 화교 이야기(旅韓六十年見聞錄: 韓國華僑史話)》에 따르면, 당시 '호떡집'에서는 지단빙(雞蛋餅), 쥐화빙(菊花餅), 카오빙(烤餅), 탕훠샤오(糖火燒), 강터우, 쯔마빙(芝麻餅), 탕구쯔(糖鼓子) 등을 팔았다고 한다. 이것들이 바로 샤오빙과 훠샤오들이다. 참고로, 탕구쯔가 지금 한국 차이나타운의 대표 먹거리 중 하나인 공갈빵이다. 지금도 마찬가지이지만 한국의 화교들은 예전부터 추석이 다가오면 이런 가게에서 월병을 주문해 선물로 주곤 한다. 한국의 화교들이 만든 월병은 중국이나 홍콩, 대만처럼 화려하지는 않다. 그것은 아직까

서울 명동 도향촌.

도향촌 월병.

인천 선린동 복래춘.

복래춘 월병.

부산 초량동 신발원.

신발원 월병.

지 100여 년 전 방식 그대로 만들고 있기 때문인데, 아직도 같은 방식으로 서울 명동의 도향촌(稻香村)과 인천 선림동의 복래춘(復來春) 그리고 부산 초량동의 신발원(新發園)에서는 월병을 직접 만든다. 이 세 곳 모두 한국 화교가 운영하는 가게다.

여기까지 정리하자면 월병의 옛 이름은 호병이고, 호병은 현재 샤오빙 혹은 훠샤오로 불리며, 1900년대 초 한국의 '호떡집'이라는 곳에서 샤오빙과 훠샤오, 월병을 만들었다. 이쯤에서 알 수 있듯이, 당시 '호떡집'의 샤오빙 혹은 훠샤오 중 하나가 현재 한국에서 즐겨먹는 이른바 '기름호떡'이 되었다. 중국어로 '한궈 헤이탕셴빙(韓國黑糖餡餅)'으로 번역되는 호떡은 탕훠샤오가 그 원형이다. 2016년 4월 25일에 필자는《중국인 디아스포라》의 "한국인들이 말하는 호떡은 모든 과자류를 포함하지만, 그중에서도 '당화소(糖火燒, 탕훠샤오)'가 한국인들의 입맛에 가장 맞았기 때문에 대부분의 경우 '당화소'를 지칭한다"라는 내용을 가지고 서울, 부산, 인천에 거주하고 있는 한국 화교를 상대로 인터뷰한 적이 있다. 대부분의 화교 2세들은 "탕훠샤오가 지금의 '기름호떡'의 원조 격"이라고 했는데, 샤오빙과 훠샤오에 대한 향수가 대단했다. 애석하게도 지금 한국의 화교 사회 어디에서도 훠샤오를 찾아볼 수가 없다. 유사하게나마 탕귀쯔를 볼 수 있는데 탕귀쯔는 훠샤오가 아닌 샤오빙에 속한다. 탕귀쯔의 정확한 이름은 '탕귀쯔샤오빙(糖鼓子燒餅)'이다. 앞서 말했듯이 바로 '공갈빵'이다. 공갈빵이 지금까지 화교 사회에 남아 있다는 것은 아직까지 수요가 있다는 것을 의미한다. 같은 논리로 훠샤오는 수요가 없어 화교 사회에서 이미 사라졌지만 지금 우리가 먹고 있는 '호떡', '잡채호떡', '고기호떡', '씨앗호

공갈빵.

떡' 등으로 파생되어 훠샤오와는 또 다른 종류의 음식이 되었다. 이 중에서 호떡은 공시적으로 한류 열풍을 타고 중국과 대만으로 역수출되어 '한궈 헤이탕셴빙'으로 다시 태어났고, 통시적으로 한국과 중국의 끊임없는 문화 교류를 나타내는 한중의 문화적 산물이 되었다.

한편, 송편은 왜 반달 모양을 하고 있을까? 송편 또한 월병처럼 많은 이야기가 전해져 내려오지만, 삼국시대 백제 의자왕 때 이야기가 대표적이다. 궁궐 안 땅속에서 거북이 올라왔는데, 그 거북 등에 "백제는 만월이요, 신라는 반달"이라고 씌어 있었다고 한다. 만월은 보름달을 의미한다. 이 글귀의 내용이 궁금해 어느 학식이 많은 사람을 찾았는데, 학자는 "만월인 백제의 의자왕은 둥근 달이 환하게 뜨니까 이제부터는 서서히 기울기 시작하고, 신라는 반달이기 때문에 앞으로 차차 커져서 만월이 되므로 승승장구하는 역사는 신라 쪽에 있을 것"이라고 했다고 한다. 그러고 나서 바로 신라가 삼국을 통일한다. 이때부터 반달 모양의 송편을 먹으면 전쟁터에 나가서도 승리하고, 가정에서도 화목하고, 모든 일이 잘된다고 믿게 되었다고 한다. 그래서 송편 모양이 둥근 모양이 아닌 반달 모양이 된 것이라고 한다.

위 이야기에서도 빠지지 않는 것이 바로 '전쟁'에 관한 이야기다. 1978년 7월 18일자 《경향신문》 사회면에 "청나라에 대한 국민 감정도 별로 좋지 않아서 떡국에 메밀로 빚은 만두를 넣어서 '胡國놈귀'라면서 씹어 먹는 풍습이 지금도 남아 있다. 아마 丙子胡亂 때문일 게다"라는 내용의 기사가 실린다. 만두를 빚어 "호국놈의 귀라면서 씹어 먹는 풍습"이 있는 것으로 보아 만두의 모양이 귀와 연관이 있어 보인다. 사실 '교자(餃子) 만두'의 원래 이름이 '교이(嬌耳)'라고 하는데, '귀 이(耳)' 자가 들어간다.

취할 취 자의 자형 변천과 해석.

取(취) 자의 갑골문.

귀와 전쟁은 그다지 관련이 없어 보이지만, 그렇지 않다. '가질 취 (取)' 자의 갑골문 형태를 보면, 귀와 전쟁은 매우 밀접한 관계가 있다 는 것을 알 수 있다.

《설문해자(說文解字)》에 따르면 '取'는 '잡아 죽인다'를 뜻하고, 자형 으로는 '又' 자와 '耳' 자를 쓰며 회의(會義)문자에 속한다.《주례(周禮)》 에서는 "승리한 자가 적의 왼쪽 귀를 베어내다(獲者取左耳)"라고 하고 《사마법(司馬法)》에서는 "헌납할 귀를 싣다(載獻聝)"라고 했다. 다시 말 해, '又' 자는 손으로 잡는 모양, 그리고 '耳' 자는 귀의 모양으로 '손으 로 귀를 잡아 베는 모습'이다.

이렇듯 반달 모양을 한 송편이 어쩌면 귀 모양일 수도 있겠다는 생각을 해본다. 과거 전쟁 때 적군의 머리를 베어 오면 그 머리의 수 만큼 포상이 주어졌다고 하는데, 사람의 머리가 부피도 크고 무게도 무겁고 해서 대신 왼쪽 귀를 세어 포상을 했다고 한다. 공교롭게도 또 하나의 명절 음식인 만두(饅頭)의 두(頭) 자가 '머리 두' 자다. 전쟁 에서 '귀'는 적군의 죽음에 따른 승리를 나타낸다. 또한 적군의 '귀'는 포상으로 이어져 곧바로 '돈'이 된다. "반달 모양의 송편을 먹으면 전쟁터에 나가서도 승리하고, 가정에서도 화목하고, 모든 일이 잘된다고 믿게 되었다고 한다"는 이야기와 부합한다. 설날에 먹는 떡국에서도 이와 같은 풍습을 발견한다. 떡국의 모양이 바로 엽전의 모양이다. 떡국에 당면을 넣는 지역도 있는데, 이것은 엽전을 꿰는 실을 나타낸다고 한다. 이렇게 떡국을 먹으면서 한 해의 부를 기원한다고 한다. 이렇게 보면 송편이 반달 모양이 아닌 귀 모양을 하고 있다는 해석도 가능하다.

한국과 중국의 문화는 상동(相同)하면서도 상이(相異)해서 매우 흥미롭다. 중국에서는 '원보(元寶, 중국에서 쓰던 화폐의 하나)'라는 것을 먹는다는 의미로 설날 때 만두를 먹는가 하면, 한국에서는 엽전 모양의 떡국을 먹는다. 같은 날에 이처럼 금전을 상징하는 음식을 먹으면서 한 해의 부를 기원하는 공통점이 있는가 하면, 같은 날에 서로 다른 음식을 먹는다는 다른 점도 있다. 또한 한국에서는 추석을 매우 비중 있는 명절로 쇠지만, 중국에서는 2008년에야 국가에서 공휴일로 지정할 정도로 한국과 다르다.

현재 이러한 문화적 흥미는 한중 두 나라의 자문화 중심주의로 전락하는 면이 없지 않아 있다. 이러한 자문화 중심주의는 민족 간 또는 국가 간 협력을 모색하는 데 매우 큰 장애가 될 뿐 아니라 자기 문화의 발전을 위한 통찰을 얻는 데에도 저해 요소로 작용한다. 그렇기 때문에 한중 양국의 문화적 갈등을 줄이기 위해서는 문화적 상대주의의 관점을 생활화할 필요가 있다.

인천 삼불관 짐꾼 노동자들의 끼니 호떡 강터우

"개항기 인천 부두 노동자의 끼니는 짜장면이 아닌 호떡 강터우다."

인천 차이나타운에는 화교학교가 있다. 100년이 넘은 초등학교와 60년이 된 중학교가 한 교정 안에 있다. 동서고금을 막론하고 학생들은 다 그렇게 점심시간 종소리를 기다린다. 1980년대까지만 해도 호떡은 화교 학생들의 점심 메뉴 영순위였다. 라면 한 그릇에 호떡 하나가 당시 가장 즐겨 먹는 점심이었다. 호떡 한 입에 라면 국물이면 바로 옆 전설의 중식당 공화춘, 중화루 요리도 울고 갈 정도였다. 그중 가장 인기가 있던 호떡은 고기소가 들어 있는 호떡이고, 다음으로는 설탕이나 야채 아니면 팥앙금이 든 호떡이었다. 그래서 점심시간이 되면 호떡집에 불난 것처럼 호떡 쟁탈전이 일어난다. 조금이라도 늦으면 맛있는 호떡은 다 팔리고 제일 인기 없는 호떡만 남는데, 그 제일 인기 없는 호떡이 바로 강터우였다.

강터우는 베어 물기 힘들 정도로 겉을 딱딱하게 구운 호떡이다. 소가 들어 있지 않아서 맛이 없다. 게다가 먹을 때마다 목이 메기도 해서 그 맛없는 정도가 비축할 수 있는 비상식량 아니면 전투식량에 비유하기도 한다. 때로는 그 딱딱함을 돌머리와도 비유했는데, 선생님들이 꿀밤을 날리면서 "이 강터우 같은 놈아!"라고 하기 일쑤였다. 방과 후 교실 쓰레기통에서 먹다 남은 강터우가 나오기도 다반사였으니, 천대도 이런 천대가 없을 것이다. 강터우가 딱딱해서 그럴까. 대부분의 한국 화교들은 강터우의 강을 '지렛대 공(槓)'이 아닌 '강철 강(鋼)'으로 알고 있다. 그나마 위안 삼을 수 있는 건 속은 탄탄한 식감

강터우.

의 빵 같아서 목은 메지만 씹을수록 단맛이 난다는 점이다.

강터우는 중국어로 짐꾼의 우두머리라는 뜻이 있다. 짐꾼의 우두머리가 나눠 준다고 해서 유래되었다는 설과 반죽이 단단해서 일반 홍두깨로는 안 되고 지렛대로 밀어야 한다고 해서 유래되었다는 설이 있다. 또 하나의 설은 강터우는 따지기 좋아하는 '나'만 맞고 남들은 틀렸다고 논쟁을 하는 사람을 일컫는 말이기도 한데 짐꾼 우두머리의 성격이 딱 그래서 붙여진 이름이라고 한다.

이 천대받았던 강터우는 화교들조차 알지 못했던 근대의 톈진과 인천 그리고 화교 사회의 모습을 품고 있었으니, 한국 강터우의 유래는 19세기 말까지 거슬러 올라간다. 19세기 말 인천은 이미 다국적 도시였다. 서양·일본·중국·한국의 문화가 공존하는, 해외 물자들이 즐비한 신상(紳商)들이 집결하는 무역과 상업의 도시였다. 대만 근대연구소는 1884~1885년 주조선 한성 영사와 주조선 인천 영사가 주고받던 서신을 소장하고 있다. 서신의 내용을 살펴보면 인천은 외국 문물의 집합 도시임이 분명했다. 서신의 내용을 간추려 보면, 인천 앞바다에는 해외를 오가는 범선과 증기선이 항상 붐비며 매일 선적과 하적으로 짐꾼들이 분주하니, 그것을 지켜보는 신상들과 세관들로 부두가 가득 찼다고 한다. 또한 각 나라의 건축물과 상점·주점·식당 등이 즐비했고, 각 나라 사람끼리 교류하고 그로 인한 마찰이 있었다는 내용도 있다. 경제와 관련된 시비도 있었고, 민형사 사건도 있었다. 각 나라의 상점은 계속해서 늘어나 심지어 중국의 산둥성 상인이 백령도에 상점을 낼 계획도 있었다는 내용도 있다. 한성전보총국 인천 분국이었던, 지금은 회의청(會議廳)으로 더 잘 알려진 정방(正房) 현판에 있는 다국적 도시의 의미를 내포한 '만국의관(萬國衣冠)'이라는 네 글자가 어색하지 않다.

인천 선린동 8번지에 위치한 회의청.

1884~1885년 주조선 한성 영사와 주조선 인천 영사가 주고받던 서신.

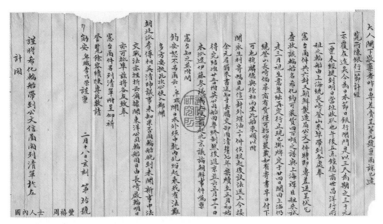

1884~1885년 주조선 한성 영사와 주조선 인천 영사가 주고받았던 서신 중 한 부분. 독일의 세창양행에서 임대한 증기선이 상하이를 출발하여 나가사키와 부산을 거쳐 인천으로 들어온 다는 내용이다. (출처: 대만 중앙연구원 근대사연구소)

인천은 일본 신사의 동공원(東公園)과 서구식 서공원(西公園)이 생기면서 관광도시의 면모도 가지고 있었다. 1912년 6월 17일, 중국 《시사신보(時事新報)》에는 일본 귀족들의 여행기가 실렸다. 일본 백작, 자작, 남작 11명의 여행은 5월 31일 일본 고베를 출발하여 6월 4일 중국 상하이에 도착한 뒤 6일 난징, 10일 철공소 견학, 11일 한커우, 15일 베이징, 19일 잉커우, 20일 다롄, 22일 뤼순, 23일 선양, 25일 탄광 견학, 26일 뤄양, 27일 평양, 마지막으로 순서로 인천을 돌아보는 한 달이 넘는 일정이었다.

한편, 화려한 도시에는 무겁고 암울한 이면도 존재했는데, 바로 삼불관(三不管)이었다. 삼불관은 중국어에만 있는 단어다. '아무도 관할하지 않는 땅' 혹은 '경찰력이나 행정력이 미치지 않는 지역'을 가리키는 말이다. 이 단어는 중국 톈진에서 유래했는데 1860년 영국, 프랑스, 미국, 독일, 이탈리아, 러시아, 일본, 오스트리아·헝가리 제국 그리고 벨기에가 불평등 조약을 체결한 후 영국부터 시작하여 위 여덟 개 나라가 톈진에 조계지(租界地)를 설치한다. 조계지란 외국인이 자유로이 통상 거주하며 치외법권을 누릴 수 있도록 설정한 구역을 말하는데, 당시 일본 조계지와 프랑스 조계지 사이에 난스(南市)라는 곳이 있었다. 난스는 황량하고 외진 곳이었고, 일본과 프랑스 영사관 관할권 밖에 있었으며, 중국 지방 관청 또한 신경을 쓰지 않아 사람들은 난스를 '삼불관'으로 불렀다. 이러한 '삼불관'이 인천에도 있었으니, 인천 화교 사회에서는 지금 인천역 건너 북성동 주민센터 맞은편을 '삼불관'이라고 부른다. 이곳 같은 경우는 영국 영사관과 중국 영사관 관할권 밖에 있고, 황량하고 외진 곳인 데다가 한국의 지방 관칭 역시 그리 신경 쓰지 않는 곳이었다. 이곳에는 톈진에서처럼 부두 짐꾼들이 모여 살았다고 한다. 인천의 화교 사회에서는 그들을 '다셜더(打閒兒的)'라고 낮춰 불렀다.

무법 지대인 만큼 삼불관 짐꾼들의 이권 다툼이 대단했다고 한다. 선적과 하적에 관한 한·중·일 간의 이권 다툼은 물론 짐꾼들끼리의 다툼 또한 대단했다고 한다. 이런 다툼 속에서 등장하는 것이 강터우다. "강터우 몇 개?"가 바로 하루 임금이자 선택의 기준이었다고 한다. 여기서 낙오한 짐꾼은 허드렛일에 불려 가기도 하여 '다셜더'라는 이름이 붙었다고 한다. 귀족이나 신사들과 비교해 보면, 점심시간의 강터우처럼 천대도 이런 천대는 없었을 것이다.

뉴스 기사 속 뜻밖의 중국 음식 왕만두

"왕만두는 그 유명하다는 중국의 '톈진바오쯔(천진포자)'였다."

한국 음식인 줄 알았던 음식이 중국 음식이었다니, 늘 먹어 오던 음식이라서 신기하면서도 조금은 놀랐다. 찐빵이나 호떡 그리고 짜장면 등이 개항 이후 중국 음식에서 유래했다는 것은 익히 알고 있는 사실이지만 우리 생활에서 빠지지 않는 음식인 '왕만두', '계란찜', '소시지부침'이 중국 음식에서 유래했다는 것은 다소 뜻밖이다.

왕만두는 일반 만두보다 크고 그만큼 속이 꽉 차 있어서 '왕만두'인 줄 알았다. 그러나 1987년 5월 29일자 《경향신문》 9면 칼럼 〈조풍연[1]의 식도락〉을 보면, "호떡집에서 (…) 그때 2전짜리를 아울러 팔았는데 天津包子(천진포자)이다. 지금은 이 천진포자(일명 小籠包子(소롱포자))가 '왕만두'라는 이름으로 팔리고 있다"고 하며 왕만두가 천진포자(天津包子, 톈진바오쯔)임을 밝혔다.

'호떡집'이란 '호병가(胡餅家)', 즉 '호병(胡餅, 호떡)' 다시 말해 '중국 빵'을 파는 곳이다. 화구와 조리 기구, 식재료가 비슷하여 겸사겸사 '찌는 만두(包子, 바오쯔)'와 '삶는 만두(餃子, 자오쯔)' 그리고 더 나아가 간단한 중국 국수와 요리까지 파는 곳이다. 1921년 조선경성중화총상회(朝鮮京城中華總商會)가 중화민국주조선총영사관(中華民國駐朝鮮總領事館)에 보고한 〈주재경성교상호구표(駐在京城僑商戶口表)〉를 보면 '만두점(饅頭店)'을 직업으로 하는 화교(華僑)들이 제일 많았으며, 서울 중구에서만 105집이 영업을 하고 있었다.

'만두점'은 '호떡집'을 가리킨다. '만두'는 중국 북쪽과 달리 남쪽에서는 '포자(바오쯔)'의 총칭으로 바오쯔의 옛날 말이다. 호떡은 '중국 빵'의 총칭이며, '중국 빵'이라고 부르기 전에 호떡이라고 불렀다. 한자로 쓸 때는 '胡餅(호병)'이라고 한다. 호병의 병(餅) 자가 '떡 병' 자이니까 호병을 호떡으로 부르는 것은 당연하다. 병과 떡은 식감과 조리법이 비슷하다기보다는 모양과 먹는 방법이 유사하다고 보는 것이 더 타당하다. 다시 말해 "둥글고 손으로 잡고 먹을 수 있는 면(곡식의 분말)으로 만든 음식"이라는 것이 병과 떡의 공통점이다. 빈대떡 특히 녹두빈대떡을 떡의 범주에 넣는 이유도 여기에 있을 것이다. 그렇지

---

1 趙豊衍, 1914~1991. 해방 이후 《한국일보》 편집국장, 《소년한국일보》 주간 등을 역임한 언론인, 수필가다.

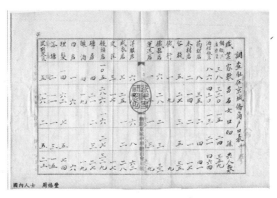

주재경성교상호구표. (출처: 대만 중앙연구원 근대사연구소)

않고서는 빈대떡이 어디를 봐서 떡인지 설명하기가 매우 어렵다. 이러한 공통점이 '빵'에도 있었으니, '호병'은 '호떡'을 거쳐 '중국 빵'으로 부르기 시작한다. 다음 쪽의 사진은 차이나타운의 한 호떡집인데, 간판에서 오른쪽의 '중국 빵'이 바로 호떡을 가리킨다. 왼쪽 입구 전시대에 몇 가지 호떡이 보인다.

'호떡집'에서 만두를 팔았다는 것은 한국 화교들의 사료에 나타나는 '만두점'이라는 이름에서도 알 수는 있지만, 그 만두가 '천진포자' 즉 '왕만두'라고 할 수는 없다. 하지만 1959년 우연히 사진에 찍힌 명동 거리의 한 호떡집에서 그 단서를 찾을 수 있었다.

70쪽 사진 속 호떡집의 간판을 보면 중앙 위쪽에 '華商(중국 상인)' 두 글자가 보이고 왼쪽에는 '中國 빵' 세 글자가, 오른쪽에는 〈조풍연의 식도락〉에서 말하는 '天津包子(천진포자)' 네 글자를 확인할 수 있어 칼럼의 내용이 사진과 부합하는 것을 알 수 있다.

천진포자의 특징은 딱 손바닥에 올려놓을 만한 크기라는 데 있

1980년대 인천 차이나타운의 호떡
집, 풍미.

다. 왕만두와 크기가 비슷하고, 왕만두처럼 숙성(발효)된 반죽을 사용
한다. 푹신푹신하다고 해야 할까? 만두피의 식감이 그러한 것이 특징
이다. 화교들의 사료를 참고해서 따지고 보면, 한국 왕만두의 역사는
100년 정도가 된다. 개성왕만두와는 모양과 반죽이 전혀 다른 이유
도 왕만두가 천진포자였기 때문이라고 할 수 있겠다.

한국의 중화요리 우동 다루멘

울면과 뒤바뀐 운명, 그리고 한국식 짜장면의 탄생

근대 이후 한국에서 유행한 외래 음식을 뽑는다면 20세기 초반부터 유행하던 '호떡'이라고 하는 '호병'과 '왕만두'라고 하는 '천진포자'가 있겠고, 초중반부터 유행한 우동(饂飩), 중후반부터 유행한 짜장면(炸醬麵)과 돈가스, 그리고 비프스테이크 정도가 있겠다. 다소 억지스럽 겠지만, 이 일련의 외래 음식들을 들여다보면 당시의 시대 배경을 읽 어낼 수 있다. 특히 우동 같은 경우 20세기 초중반의 시대 배경을 반 영하듯이, 한·중·일의 우동이 공존하면서 간편식으로 대중에 매우 인기였다. 이러한 인기는 과거 신문에 고스란히 남아 있는데, 이 시 기 우동은 '국숫집', '중국 우동집', '일본 우동집'에서 팔았다. 1925년 9월 25일자 《동아일보》 6면 기사 〈팔월중경성(八月中京城) 물가보세(物 價保勢)〉에 따르면, 우동은 당시 물가의 지표가 될 정도로 대중적이면 서도 인기가 높았다. 대중이 우동을 즐겨 먹었던 이유는 가장 저렴하 면서도 따뜻하게 먹을 수 있는 데다 가장 빨리 조리할 수 있는 국수 였기 때문인 것으로 보인다. 또한 한·중·일의 우동이 공존하는 이유 는 각 나라에는 미리 준비한 국물에 삶은 국수를 말아먹는 국수 요 리가 있었기 때문이다. 여기서는 그중에서도 '중국 우동집'의 우동에 관해 살펴본다.

지금 한국에서 '짜장면집(炸醬麵館)'이라고 하면 통속적으로 중국 음식점을 가리키지만, '중국 우동집(中國烏冬麵館)'이라고 하면 매우 생 소하다. 하지만 1940년대 이전까지 시간을 거슬러 올라가면 오히려

중국집 우동.

정반대로 '짜장면집'이 매우 생소하고 '중국 우동집'이 통속적으로 대중적인 중국음식점을 뜻했다. 그도 그럴 것이 이때까지만 해도 중화요리점에서 가장 많이 팔리는 음식은 지금처럼 짜장면이 아니라 우동이었기 때문이다. 1935년 소설가 안회남(安懷南, 1910~?)은 《조선일보》에 소설 《기차》를 연재했는데, 이 소설에는 "소위 '짜장면'이라는 것을 먹으며 (…)"라는 대목이 나온다. 이 대목에서 짜장면이 대중적이지 않았다는 점을 알 수 있다.

베이비붐 세대 한국 화교들의 언어 습관을 유심히 관찰해 보면, '짜장면집'을 '우동집' 아니면 '우동가게'라고 말하는 경향이 있다. '우동집'이 뭐냐고 그들에게 물어보면 "짜장면집이 우동집이야"라고 말한다. 1927년 3월 17일자 《동아일보》 기사에는 "무, 배추 등 푸성귀 농사를 비롯하여 호떡과 우동은 원래부터 단골이다"라는 대목이 있고, 1929년 11월 22일자 《동아일보》 기사에는 "이런 호떡 가게에 데리고 가서 우동을 시켜다 먹고 (…)"와 같은 내용이 있다. 호떡집이라고 하는 호병가(胡餠家)에서도 중국 우동을 팔았다는 것을 확인할 수 있다. 따뜻한 국물에 바삭한 호떡 하나는 매우 잘 어울리는 궁합이라고 할 수 있다. 1930년 우동은 15전(錢)짜리와 12전짜리가 있었다. 당시 식당에서 파는 소주 가격이 8전이고 목욕탕 요금이 5전, 흰쌀 한 되(升)에 13전이었으니, 그다지 저렴한 음식이었다고 할 수는 없을 것 같다.

이보다 더 흥미로운 것은 1929년 1월 8일자 《동아일보》 기사다. "(⋯) 전화로써 청국 우동을 시켜다 먹고 (⋯)"라는 내용이 있는 것으로 보아 전화 주문으로 배달까지 가능했으니, 우동이 매우 대중적인 음식이었던 것으로 보인다. 이 시기의 배달통은 현재 우리가 흔히 볼 수 있는 플라스틱 재질의 배달통이나 양철 배달통이 아니라 인천 차이나타운 짜장면박물관에 진열된 것과 같은 목제 배달통이었다. 이 때의 배달은 온전히 도보로 이루어졌고, 식기가 모두 자기로 되어 있었기 때문에 목제 배달통 또한 무거워 배달하기가 상당히 힘들었다. 게다가 지금 사용하는 위생랩이 없어 균형을 잡는 기술까지 필요했다고 한다. 흥미롭게도 국물이 많은 음식을 배달할 때는 국물을 주전자에 따로 담아 현장에서 부어 주었다고 한다.

한국의 화교들이 운영하는 중화요리점의 우동을 화교들은 다루몐(打滷麵)이라고 부른다. 다루몐을 모르면 중국 사람이 아니라고 할 수 있을 정도로 중국에서 가장 즐겨 먹는 국수다. 중국의 다루몐은 국물이 걸쭉한 다루몐과 맑은 다루몐으로 나뉜다. 중국에서는 주로 걸쭉한 국물의 다루몐을 즐겨 먹지만 한국에서는 맑은 국물의 다루몐을 즐겨 먹는다. 다루몐의 특징은 국물을 한 솥 끓여놓고 주문이 들어오면 바로 삶아낸 국수에 국물을 한 국자 붓는 방식이라서 국수를 삶는 시간 3~5분이면 조리가 가능하다는 점이다. 그리고 목이버섯과 달걀을 푸는 것을 기본으로 하는데, 한국의 다루몐은 목이버섯이 들어가지 않는다는 점이 특징이다.

다루몐은 가장 따듯하게 먹을 수 있는 패스트푸드다. 당시 다루몐을 지금보다 빨리 조리할 수 있었던 것은 바로 국수 때문이었다. 면을 뽑는 식당용 기계가 없었던 시절 한국의 중화요리점에서는 이른바 수타의 방식으로 면을 뽑았다고 생각하는데, 사실 전혀 그렇지 않았다. 수타 방식으로 면을 뽑는 곳은 서울과 인천 등에 있는 상당히 고급스러운 몇몇 중국요리점뿐이었다. 그것도 연회 정도의 고급 코스 요리에서만이다. 20세기 중반까지 한국의 중화요리점에서는 건면을 사용했다. 건면은 중국어로 과몐(掛麵)이라고 한다. 막대에 걸려 있는 모습을 따서 과몐, 즉 걸려 있는 면이라고 해서 건면이라고 한다. 건면은 당시 가장 저렴하고 쉽게 만들 수 있는 면이었다. 짜장면 정도를 먹어야 반죽에 달걀을 깨놓고 칼로 썰어 국수를 만든다. 이러한 국수를 중국에서는 서우간몐(手擀麵)이라고 하는데, 한국의 칼국수면이라고 보면 된다. 당시 짜장면은 지금처럼 덥지 않게 먹는 고급 국수였다.

한편, 한국의 중화요리점에는 '우울할 때 먹는다'는 우스갯소리를 하는 울면이 있다. 울면은 화교 사회에서 '원루몐(溫滷麵)'이라고 하는데, 원루몐은 앞에서 언급한 중국에서 즐겨 먹는다는 걸쭉한 국물의 다루몐이다. '원루몐'을 어쩌다가 '울면'으로 부르게 됐는지는 잘 모르겠지만, 목이버섯이 들어가고 달걀을 푼 것이 걸쭉한 국물 다루몐의 특징을 그대로 가지고 있다. 원루몐은 산둥 옌타이에만 있는 국수이지만 걸쭉한 국물의 다루몐과 맑은 국물의 다루몐을 구별 짓기 위해

간짜장.   짜장면.

이름만 가져다 쓴 것 같다. 어찌 되었건 한국에서는 중국과 달리 걸
쭉한 국물보다는 맑은 국물의 국수를 더 선호하기 때문에 울면은 중
화요리점을 대표하는 음식 반열에 오르지 못하고, 메뉴에는 있지만
식객들이 그리 찾지 않는, 우동과 운명이 뒤바뀐 셈이다.

　20세기 중반 이후 짜장면의 장(醬)이 공장에서 대량생산되고 면
뽑는 식당용 기계가 보급되었으며, 여기에 설탕까지 대량생산되면서
짜장면의 인기가 높아졌다. 인기 메뉴이다 보니 짜장면의 조리 속도
가 우동 다루멘보다 빨라졌고, 점점 우동 다루멘의 자리를 대신하기
시작하면서 짜장면에 일대 변화가 일어났다. 돼지고기와 볶아내는 장
에는 잘게 썬 양파와 배추, 호박 등이 들어가고 여기에 물을 붓고 전
분을 첨가하여 걸쭉하게 한솥 끓여내어 둔다. 그리고 기계로 뽑은 삶
아낸 면 위에 한 국자 얹으면 완성이다. 이 과정은 5분이 채 걸리지
않았으니, 걸쭉한 국물의 다루멘을 밀어내고 보급형 짜장면이 대중적
인 음식으로 자리 잡았다. 또한 이 시기에 기존의 마르게 비벼 먹는
짜장면은 간짜장면(乾炸醬麵)으로 새롭게 불리면서 그 이름을 짜장면
에게 넘겨주었으니, 짜장면과 간짜장면의 운명 또한 뒤바뀐 셈이다.

한국의 훈툰, '훈탕'과 '완탕'

1970년대까지의 주탕은 짬뽕이 아니었다!

인천 짜장면박물관에는 1970년대 것으로 추정되는 중국음식점 가격표가 전시되어 있다. 이 가격표에는 '훈탕(餛湯)'으로 번역한 메뉴 하나가 있다. 이 음식은 2000년 넘은 역사를 가진 중국 음식 '훈툰(餛飩, 혼돈)'이다. '훈툰'은 유구한 역사를 가진 음식인 만큼 지역마다 부르는 이름이 각기 다르다. 이를테면 마라탕으로 유명한 쓰촨에서는 '차우서우(抄手, 초수)', 양꼬치로 유명한 신장위구르에서는 '취취(曲曲, 곡곡)', 후베이에서는 '바오몐(包麪, 포면)', 산둥에서는 '훈툰' 등으로 부른다.

한편, 중국 광둥에서는 '훈툰'을 '원툰(雲呑, 운탄)'이라고 부르는데, 구름을 먹으면 이 맛일까? 모양이 뭉게구름과 같아서일까? '구름을 삼키듯 넘어간다'를 형용하듯 그러한 뜻에 구름 운, 삼킬 탄의 '雲呑(운탄)'을 쓴다. 현재 한국에서 부르고 있는 '완탕(碗湯)'은 중국 광동어 '원툰'에서 온 것으로 추정한다.

1930년 3월 8일자 《동아일보》에서는 부인이 알아둘 음식으로 '완탕'을 소개했다. 1932년 11월 10일자 《동아일보》에 실린 소설 《마도의 향불》(방인근 저)에서는 전화로 주문을 받는 장면이 있는데, 거기서 주문한 음식이 '훈탕'이었다. 1940년 3월 1일자 《조선일보》 방송 편성표에서는 '완탕'의 조리법을 소개하고 있고, 1949년 7월 3일자 《경향신문》에 실린 소설 《파도》(김영수 저)에서도 '훈탕'이 나타난다. 또한 1957년 6월 2일자 《조선일보》에 실린 소설 《아름다운 行列(행렬)》에

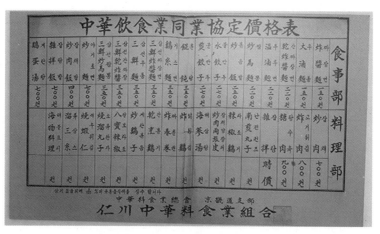

1974년 인천 중화요식업조합 협정가격표. (짜장면박물관 소장, 사진 촬영: 인천화교협회)

는 '완탕'에 관한 내용이 있으며, 1957년 12월 20일자《동아일보》칼럼〈臺湾通信(대만통신) 第四信(제사신)〉에서는 '훈탕'을 언급했다. 이것으로 보아 적어도 1930년대부터 한국에서는 '훈툰'을 '완탕'으로도 부르고 '훈탕'으로도 불렀다고 할 수 있다.

'훈툰'은 쉽게 말하면 '얇고 투명한 피로 빠른 속도로 대충 빚은 작은 만둣국'으로 설명할 수 있다. 가끔 얇은 국수를 넣고 끓여서 '훈툰몐(餛飩麵)'으로 즐겨 먹기도 한다. 중국은 크게 북쪽 문화와 남쪽 문화로 나눌 수 있다. 북쪽 '훈툰'과 남쪽 '훈툰'의 차이를 꼽는다면 소의 재료가 다르다고 할 수 있을 텐데, 북쪽에는 소고기를 주로 하는 고기를 쓰는 반면 남쪽에서는 새우를 주로 하는 해산물을 쓴다. 그런데 이러한 차이가 '훈탕'과 '완탕'에 그대로 나타나고 있다.

'훈탕'은 중국 북방 요리를 대표하는 산둥 요리, 즉 루차이(魯菜)에 속하는 베이징 요리에 영향을 받은 것으로 보인다. 당시 20세기 초

1970년대
훈탕 재현.

한국의 중화요리는 인천의 공화춘을 비롯한 베이징 요리 위주로 영업하는 요리점들과 광둥 요리를 위주로 영업하는 중화요리점들이 적지 않게 있었다. '완탕'은 당시 광둥 요리의 영향을 받은 것으로 추정된다. 한국 최초의 서양식 호텔인 '대불호텔'을 1915년에 인수하여 중화요리점을 운영한 중화루가 광둥 요리를 위주로 하는 대표적인 요리점이었다.

'훈탕'과 '완탕'은 1970년대에 들어와 숙취를 해장하는 술국으로 대중의 인기를 얻었다. 하지만 이 둘의 조리법은 완전히 갈린다. 1977년 12월 14일자 《매일경제》 기사 〈숙취(宿醉) 씻는 술국 몇 가지〉에서는 소고기와 표고버섯을 주재료로 하는 '훈탕' 레시피를 북엇국, 해장국과 더불어 소개하고 있다. 반면 새우를 주재료로 하는 '완탕'은 당시 최고의 라면회사 '삼양'이 일본의 어느 수산회사와 기술 제휴를 맺고 생산에 들어가 인스턴트화가 시작되었다. 삼양은 1974년 4월 12일자 《매일경제》의 〈삼양완탕·화장비누 개발〉이라는 기사를

2. 면류 이야기 — **93**

1970년대 훈탕 조리 과정.

통해 '완탕'을 '고대 중국 궁중에서 강장 영양식으로 즐기던 음식'으로 소개하면서 같은 시기 인스턴트 '완탕'에 라면 국수를 동봉한 '완탕면'을 선보이기도 했다.

먹을 것 하나에는 역사와 정치는 물론 대중의 아픔과 그때그때의 경제 상황이 다 스며들게 된다고 했던가. 아직도 '훈탕'과 인스턴트 '완탕'으로 해장하던 추억을 가지고 있는 사람이 적지 않지만, 현재 칼칼한 초마면(炒碼麵)인 짬뽕이 나오기 전 한국 중화요리를 대표했던 술국 '훈탕'은 사라지고, 인스턴트 '완탕'만을 대형마트 등에서 찾아볼 수 있다.

짜장면의 중국 재상륙
짜장면 어디까지 알고 있니?

'한국 최초의 짜장면'이라는 말을 들으면 우리의 머리는 '한국 최초의 중화요리점이 한국 최초의 짜장면을 만들었다'라는 명제를 떠올린다. 명제는 생각의 방향성을 제시하며, 그 방향을 따라가면 "'짜장면은 '중화요리', '중화요리는 화교', '화교의 고향은 산둥', '짜장면은 산둥 음식'……" 등과 같은 논리화 작업을 거치게 된다. 짜장면은 그렇게 '한국 화교들이 자신들의 고향 산둥에서 한국으로 가지고 와 토착화된 음식'이 된다. 여기에 신자유주의 사상과 민족주의 사상 따위가 개입되면 상황은 더 복잡한 양상을 띠게 된다. 이렇게 시간이 흐르고 1988년 에드워드 S. 허먼(Edward S. Herman)과 노엄 촘스키(Noam Chomsky)가 말한 '여론'의 행태까지 가세하게 되면 나중에는 걷잡을 수 없는 지경에 이르고 '말의 전쟁', 즉 논쟁이 벌어진다. 이 글 역시도 여기서는 자유롭지 못하다.

짜장면은 2006년 7월 문화관광부에서 한국을 대표하는 '100대 민족문화 상징'으로 선정된다. 짜장면의 한국어 표기 논란이 생기면서 그 무렵 짜장면에 대한 관심이 높아진다. 짜장면에 대한 관심은 논문과 저서 그리고 언론으로까지 이어진다. 김만태의 2009년 논문 〈'짜장면'의 토착화 요인과 문화적 의미〉에 따르면, "19세기 말 조선과 청국의 여러 정치적·사회적 상황을 감안해 볼 때 1882년 인천항 개항 후 조선으로 대거 건너오기 시작한 산둥 지방 화상, 화공들에 의해서 한국의 자장면이 유래되었다는 사실은 충분한 설득력을 갖는다." 우여곡절 끝에 2012년 4월 28일, 인천 차이나타운 공화춘에서 짜장면박물관 개막식이 열렸다. 이창호는 2013년 논문 〈박물관을 통한 에스닉 푸드(ethnic food)의 새로운 해석과 구성〉에서 인천 짜장면박물관의 사례를 중심으로 '만들어진 전통(invention of tradition)'의 의도가 무엇인지에 대한 질문을 던진다.

자본주의 체제에서는 항상 이익 독점이라는 것이 말썽이다. '농단'
은 때로는 원조(元祖) 같은 것을 척척 만들어 내는가 하면, 여기에 이
해관계가 맞아떨어지면 없는 전통까지도 만들어 낸다. 짜장면에 대
한 지나친 관심이 저 너머 중국에까지 영향을 미쳤으니, 중국과의 활
발한 교류로 중국에서도 짜장면에 대한 관심이 높아진다. 양세욱(梁
世旭)은 2009년 《짜장면뎐》에서 다음과 같이 말했다. "1992년 한중
수교 이후, 짜장면은 대규모로 중국에 진출하기 시작한다. 한국인을
따라 중국 대륙에 재상륙한다. 21세기 이제는 중국인들조차 '중국집'
을 찾아 짜장면을 즐긴다." 짜장면 프랜차이즈 영업이 유행하는 지
금 중국에서 예전에는 없던 한국식 짜장면이 생겼다. 그것도 루차이
의 발원지인 산둥 옌타이 푸산에서 생겨났다는 것이 매우 안타깝
다. 더군다나 푸산의 자랑 푸산다몐(福山大麵)에 포함시키니 받아들이
기가 힘들다. 푸산다몐 제3대 계승자 취안푸지엔(權福健, 권복건, 1966~)
은 자신이 만든 짜장면이 다른 지역과 다를 수도 있다고 하면서 "푸
산다몐의 짜장면에는 '간짜장(乾炸醬)', '온짜장면(溫炸醬麵)', '물짜장면
(水炸醬麵)' 세 가지가 있다"고 한다. '물짜장면'에 대한 설명은 상세하
지 않았지만, '온짜장면'에 대한 설명은 지금 한국에서 말하는 짜장
면의 조리법과 일치했다. 취안푸젠은 2011년 인천관광공사와 MBC
에서 공동 주최한 '제1회 한중 자장인생 대박!(第一屆韓中給力炸醬麵大賽
韓國仁川激情上演)' 인천대회의 입상자다. 그러나 한중 수교 이전 탕셰정
(唐協增, 당협증)과 두둥핑(杜東平, 두동평)의 1991년 저서 《중국면조집금
(中國麵條集錦)》에서는 이와 같은 내용을 찾아볼 수 없다. 이 책 22쪽
에 수록된 〈산둥 다몐과 샤오몐(山東大麵和小麵)〉에서는 푸산다몐과 평

라이샤오몐(蓬萊小麪)을 다룬다.

현재 옌타이에서는 푸산다몐의 역사가 400여 년(혹자는 200여 년)이라고 한다. 제1대 전수자는 왕펑샹(王鳳祥, 왕봉상, 1902~?)이라고 하면서, 푸산다몐이 란저우라몐(蘭州拉麪), 산시다오샤오몐(山西刀削麪, 산서도삭면), 베이징 자장몐(北京炸醬面)과 더불어 중국 4대 국수라고 선전한다. 푸산다몐을 과소평가하는 것은 아니지만, 사실 '중국 10대 국수'에도 들지 못한다. '중국 10대 국수'는 중국상무부(中國商務部)와 중국반점협회(中國飯店協會) 등에서 주최한 중국반점문화축제(中國飯店文化節)에서 선정한 것으로, 이 축제는 중화요리의 '오스카'라고 할 만큼 권위가 있다. '중국 10대 국수' 1, 2, 3위는 우한러간몐(武漢熱乾麪)과 베이징 자장몐, 그리고 산시다오샤오몐이다. 참고로, 한국 냉면과 같은 중국 지린성(吉林省) 옌지(延吉) 냉면이 '중국 10대 국수' 안에 든다. 푸산다몐이 유명한 것은 한국에서 말하는 수타면(手打麪), 즉 수타로 면을 뽑는 기술 때문이다. 이 기술은 푸산뿐 아니라 산둥 자오둥 지역에서도 널리 쓰이는데, 이를 중국어로 천몐(抻麪)이라고 한다. 한국의 화교들은 서우라몐(手拉麪)이라고 하는데, 기계로 뽑는 면과 구별하여 불러 생겨난 말이다. 이 기술과 같이 한국에 온 것이 '우동'이라고 불리는 다루몐과 '울면'으로 불리는 원위루몐(溫魚滷麪), 그리고 삼선(三鮮)이라는 형식의 국수와 그 유명한 산둥의 대파와 장 다충잔장(大葱蘸醬)이다. 이 기술과 국수, 그리고 다충잔장은 다시 한국 화교를 통해 세계로 전파된다.

최근 몇 년 동안 옌타이 언론에서 자주 등장하는 짜장면 하나가 있다. '제1회 한중 자장인생 대박!'에서 입상한 짜장면 '위쯔자장몐(魚

유명한 중국 산둥의 대파와 장 다충잔장.

籽炸醬麵)'이다. 옌타이의 모 푸산다몐 프랜차이즈 회사에서 400여 년 (혹자는 200여 년) 역사의 푸산다몐을 강조하면서 함께 적극적으로 홍보하는 위쯔자장은 생선알 짜장이라는 뜻으로, 말린 생선알을 재료로 하는 짜장면이다. 양파를 다져서 부재료로 쓰는 것이 인상적인데, 짜장면의 느끼함을 중화하기 위해 양파를 사용한다는 설명이 왠지 한국 화교 스푸들의 설명과 맞아떨어진다. 《중국면조집금》에서는 "짜장면은 네모나게 썬 고기 짜장면(肉丁炸醬麵)과 다진 고기 짜장면(肉末炸醬麵) 두 가지다"라고 했다. 여기에 하이미(海米, 건새우살)를 부재료로 사용하는 짜장면에 대한 언급은 있어도 '위쯔자장몐'에 대한 언급은 없다. 이러다가 푸산다몐의 라이벌 펑라이샤오몐에서도 짜장면을 들고 나올지 모르겠다. 네모나게 썬 고기 짜장면은 한국 간짜장면과 같고, 다진 고기 짜장면은 한국의 유니(유모)짜장면이다.

따지고 보면 이러한 현상은 낡은 사진 한 장(100쪽)에서부터 시작한다. '화기 중화루(和記中華樓)'는 공화춘과 함께 한국 중화요리계의

한국 간짜장면.　　　　　　　　　　한국 유니(유모)짜장면.

전설이다. 1998년, 인하대학교 김광언 교수와 산둥대학교 예타오(葉濤) 교수가 이끄는 중국 문화 탐사 프로그램에서 우연히 건져 올린 한 장의 사진이다. 김광언 교수의 한국 짜장면에 대한 향수 이야기가 인연이 되어서 이듬해 이 사진과 함께 〈바다 건너 60년 세월(漂洋過海六十年)〉이라는 제목으로 《옌타이일보(煙臺日報)》를 통해 보도된다. 다시 사진에 얽힌 격동의 세월과 애환이 《경인일보》를 통해 한국에서도 보도된다. 그 후 2009년 4월 연세대학교 유중하 교수는 《경인일보》 지면에 〈짜장면의 재발견〉이라는 글을 연재했는데, 그는 한국 화교에 대해 연구 중이라고 하면서 한국 화교 2세 중화요리점 사장과 함께 4월 20일 옌타이를 찾았다. 옌타이 언론은 다시 〈소중한 사진 한 장 해외까지 루차이(산둥 요리) 명성 떨쳐(一幅珍貴老照片見證魯菜香海外)〉라는 제목의 기사가 나왔다. 몇 년 전, 유중하 교수와 함께 간 한국 화교 2세가 지금의 중화루를 인수했다. 그 화교 2세가 인천화교협회(仁川華僑協會) 제20~21대 회장 손덕준(孫德俊)이다. 보도에 따르면 손덕준 회장의 아버지가 사진 속 중화루의 주방장이었다고 하며, 사진 뒷줄 오른쪽 두 번째 인물이 손덕준 회장의 장인이라고 한다. 얼

화기 중화루(和記中華樓).

마 전 손덕준 회장은 그 인물이 본인의 외할아버지이고, 당시 사진 속 중화루의 지배인이라고 했다. 그 후 2012년 유중하 교수의 책《화교 문화를 읽는 눈 짜장면》이 출간되었다.

사진 속 중화루에 얽힌 향수와 애환에 필자 역시 매우 공감한다. 한국 화교사에서 중요한 사진으로 생각되는바, 사진에 대한 애정 또한 각별하다. 선명도가 높은 사진을 찾던 중 2층 중앙 간판 중화루 세 글자 사이에 '화기(和記)'라는 두 글자가 보인다. 현재 인천시립박물관이 중화루 간판을 소장하고 있다고는 하는데, 글자체로 보면 사진 속 2층 간판이 아니라 1층 중앙에 있는 간판으로 보인다. 당시 중국의 관례로 보면, 중앙 간판에 있는 '화기(和記)'가 중화루의 대주주인 것으로 보인다. 그러니 정식으로 '화기 중화루'라고 불러야 할 것이다. '기(記)'는 '호(號)'와 함께 당시 중국에서 상호 뒤에 많이 쓰이는 글자다. 아직까지 '화기'에 대한 연구는 없다. 그뿐 아니라 베이징을 북평(北平)으로 부르고 표기하는데, 2층 오른쪽 간판은 중화북경(中華北京)이라고 표기되어 있다. 2층 왼쪽 간판의 '우등요리점(優等料理店)'은 일제강점기 시절의 일본식 표현이다. 당시 일본이 베이징을 북경으로 부르고 표기했으니 이 사진은 그 시절에 촬영한 것으로 보인다. 제2차 세계대전 이후 다시 중화북평(中華北平)으로 수정된다. 1층 왼쪽에 보이는 '승우여운(勝友如雲)'은 중국 당나라 태종의 아우 등왕(滕王) 이원영(李元嬰)이 장시성(江西省) 난창(南昌)시 서남쪽에 세운 누각인 등왕각(滕王閣)을 그린 당나라 왕발(王勃)의 《추일등홍부등왕각전별서(秋日登洪府滕王閣餞別序)》속 한 구절 "十旬休暇, 勝友如雲. 千里逢迎, 高朋滿座.(매번 10일 휴가 때면 좋은 벗들 많이 모여 저 멀리서 온 손님 영접하니 고귀한 친구들 자리 가득 앉는다.)"에서 따온 것이다. 마지막으로 사진 속 건물 중앙 가로의 영어 간판 'CHUNG HWALOO CHINESE RESTAURANT AND BAR'의 'CHUNG HWALOO'는 중국 광동어 영어 표기법이며, 'CHUNG'과 'HWALOO' 사이를 띄어 쓴 이유는 알 수 없다. 간판 제작 과정에서 생긴 단순 실수일 수도 있겠지만, 생각할수록 궁금증이 커진다.

짬뽕의 승승장구

짬뽕에 밀린 초마면, 빨간짬뽕에 밀린 백짬뽕

짬뽕은 '짬뽕'이라는 이름 그 자체에서 풍기는 재미만큼 우리에게 매우 친숙한 음식이다. '웃기는 짬뽕.' 가끔 짜장면과 짬뽕 사이에서 고뇌에 찬 결단을 내려야 할 때면 그 국물의 얼큰함과 시원함에 짬뽕을 선택하고야 만다. 짬뽕은 중화요리점 인기 순위 부동의 1위를 지키고 있는 짜장면의 자리를 넘보기 시작한다. 언제부터인가 중국요리점을 대표하는 면 요리가 되면서, 그 종류 또한 셀 수 없이 많아진다. 지금은 짬뽕의 시대라 해도 과언이 아니다. 중화요리점의 흥망을 결정하는 짬뽕, 더 이상 웃기지 않는다.

  짬뽕은 "일본 이름을 가진 한국 입맛의 중국 면 요리"다. 한국 화교들의 초마면(炒碼麵)이 불맛이 가미된 시원하고도 얼큰한 국물을 가진 일본어 이름의 탕면(湯麵)이 된 과정이 짬뽕의 이력이다. 즉 한국·중국·일본의 합작품인 셈인데, 중국의 초마면이 화교들에 의해 한국

의 중화요리가 되고, 탕을 유난히 즐겨 먹는 한국의 음식 문화에 의
해 탕면이 되면서 고춧가루의 얼큰함까지 더해진다. 중화요리의 불맛
까지 살아 있는 짬뽕은 여기에 특이한 발음의 이름까지 더해져 짬뽕
의 신화는 이렇게 시작한다.

　짬뽕의 이름은 일종의 간섭현상에 의해서 나온다. '짬뽕'은 중국
민방언(閩方言)의 인사말을 일본어로 표기하면서 생겨났다. 당시 일본
나가사키 화교들의 인사말에서 따왔다는 기록으로 추정컨대, 우리
도 그렇지만 중국도 "안녕하세요?"보다는 "식사하셨습니까?"라고 인
사하는 경우가 많다. 중국 푸젠 일대의 "식사하셨습니까?"라는 말이
'짬뽕'과 비슷하다. 이 소리를 일본어 'チャンポン'로 표기하고, 이 발
음을 한국어 '짬뽕'으로 쓴 것이다. 짬뽕은 일본말의 '한데 섞음'과도
발음이 비슷하다. 그래서 일본어 'ちゃんぽん'를 한국어 '짬뽕'으로도
쓴다. 1960년대만 해도 '짬뽕'은 먹는 짬뽕이 아닌 '한데 섞음'이라는
의미로 주로 쓰였다. 이때만 하더라도 '한데 섞음'이라는 의미를 '짬뽕'

짬뽕

이 아닌 '잡탕'으로 많이 썼다. 언제부터인가 해물잡탕이 해물짬뽕이 되더니, '짬뽕'은 이렇게 먹는 짬뽕과 '한데 섞음'의 짬뽕 두 가지 뜻을 가지게 되었다. 그리고 '잡탕'을 따돌리고 '짬뽕'이 그 자리를 차지했다.

중화요리에는 삼선(三鮮)이라는 식재료가 있다. 삼선의 뜻은 '세 가지 내음 혹은 맛의 3박자' 정도로 번역할 수 있다. 흔히 중화요리점 메뉴판에서 볼 수 있는 '삼선짜장면', '삼선볶음밥' 등의 그 삼선이다. 중국은 각 지역의 풍습과 문화가 매우 다양한 국가여서 삼선에 대한 해석도 가지각색이다. 대체로 중국 남쪽에서는 삼선으로 고기·새우·부추를 가리키는가 하면, 중국 북쪽 특히 산둥에서는 갑오징어·새우·(마른) 홍합을 가리킨다. 일부 산둥 지역에서는 건해삼이 들어가야 삼선이라는 곳도 있다. 사실 일본 나가사키짬뽕도 그렇고, 중국 후난의 초마면도 그렇고, 해물이 들어가지 않는다. 나가사키짬뽕과 후난 초마면 모두 돼지고기와 채소가 주재료다. 차이가 있다면 나가사키짬뽕은 국물이 많고, 후난 초마면은 국물이 거의 없다. 후난 초마면은 한국 화교들이 한국 식객들의 요구에 맞춰서 탕면이 된다. 1960년대에 화농(華農, 농업에 종사하는 화교)들이 대거 화상(華商, 상업에 종사하는 화교)으로 전업한다. 대부분의 화상은 중화요리점을 개업하고 더 푸짐하고 차별화된 짬뽕으로 식객들을 사로잡는다. 고기에 새우와 부추가 더해진 삼선짬뽕은 이미 일반 짬뽕이 되고, 이보다 좀 더 푸짐한 갑오징어와 새우 그리고 홍합까지 들어간 짬뽕도 이미 일반 짬뽕이 된다. 그러다 보니 기존의 삼선짬뽕은 건해삼까지 들어가는 짬뽕이 된다. 중화요리에서 건해삼은 최고 중 최고의 재료다.

짬뽕의 인기는 애주가들 사이에서 시작된다. 주탕은 우리가 말하는 술국이다. 보통 술집에서 먹는 술안주 또는 해장국을 말한다. 술국은 저렴해서 매력적이다. 한국의 중화요리점에는 어울리지 않게 메뉴에 술국이 있다. "술국 주세요" 하면 짬뽕 국물이 나온다. 짬뽕 국물에 계란과 당면을 푸는 것이 특징이다. 탕수육보다 싸고 술안주와 해장으로 일품이니 대중에게 인기다. 1960년대까지만 해도 중국집에서 배갈(白乾兒)이 주를 이루던 시절 중화요리점을 대표하는 술국은 계란탕과 훈탕(餛飩)이었다. 계란탕은 술안주로 많이 찾았고, 훈탕은 해장국으로 주로 찾았다. 한국의 계란탕과 달리 시큼하고 걸쭉한 계란탕은 중국에서는 매우 흔한 요리다. 산둥 요리에 속하면서 요리사의 실력을 가늠할 수 있는 매우 간단한 국물 요리이지만, 신맛의 강약과 걸쭉한 국물의 농도가 관건이다. 2시간이 지나도 계란탕의 국물이 따뜻해야 하며, 그 걸쭉함도 유지해야 한다. 훈탕은 만두와 면요리 사이에 있는 음식이다. 얇은 면피로 소를 대충 싸서 육수를 넣고 끓이면 완성이다. 만두도 아닌 것이, 그렇다고 국수도 아닌 것이 후루루 후루루 속이 시원해진다. 1970년대 중반 계란탕 가격은 700원, 훈탕 가격은 350원, 짬뽕 가격은 220원이었다. 짬뽕은 안주와 해장 이 둘을 아우르는 술국이 된다. 이 시기만 해도 짬뽕은 그저 서비스로 나가는 술안주였다. "서비스로 짬뽕 국물 좀 주세요!" 피치 못해 주는 주인이 있는가 하면, "짬뽕 국물은 서비스입니다"라고 하면서 흔쾌히 주는 주인도 있다. 이런 광경은 지금도 흔하게 볼 수 있다. 짬뽕이 몇 십 년을 이어온 계란탕과 훈탕의 자리를 넘볼 수 있었던 것은 그 국물의 얼큰함과 시원함 때문이다. 고춧가루의 역할이 매우 크다.

지금 짬뽕의 초창기 이름은 고추짬뽕(辣椒炒碼)이다. 짬뽕의 국물이 하얗던 시절 고추짬뽕이 탄생한다. "고추짬뽕 주세요" 하면 하얀 국물의 짬뽕이 아닌 빨간 국물의 짬뽕이 나온다. 한국 화교들은 이 시기가 1968년 즈음이었다고 기억한다. 화농에서 화상으로 전업한 한 화교는 "손님이 고추짬뽕을 주문하는데 이 짬뽕이 무슨 짬뽕인지 몰라서 친구한테 전화로 물어보고 조리법까지 설명을 들었다"고 한다. 그리고 당시 하얀 국물의 일반 짬뽕과 구별하기 위해 고추짬뽕이라는 이름이 생겼다고 한다. 재미있는 것은 지금도 고추짬뽕이라는 메뉴가 있는데, 마른 고추를 기름에 볶아서 만든 짬뽕이라는 점이다. 하얀 짬뽕과 구별하기 위한 '고추'가 아니고, 고추가 들어가서 고추짬뽕이다.

당시 고추짬뽕을 만드는 방법은 세 가지였다. 첫 번째는 먼저 고춧가루를 기름에 볶아 고기·해물·야채를 볶는 방식이고, 두 번째는 고추기름을 사용해 고기·해물·야채를 볶는 방식이며, 세 번째는 기

하얀 짬뽕, 일명 백짬뽕.

명품 짬뽕.

름에 고기·해물·야채를 볶다가 고춧가루를 넣고 볶는 방식이다. 첫 번째 방식은 초창기 조리 방식이고, 두 번째 방식은 깔끔하고 고급스럽게 요리해야 하는 호텔 등 고급요리점의 조리 방식이다. 고춧가루를 기름에 볶으면 가루 찌꺼기가 나오는데, 조리 후 깔끔하지 못해서 고안해 낸 방식이다. 세 번째는 지금도 일반적으로 사용하는 조리 방식이다. 첫 번째 조리 방식을 개선한 방식으로, 고춧가루가 기름에 타는 것을 방지하는 조리 방식이다. 기름의 온도가 조금만 높아도 고춧가루가 쉽게 타고, 그렇다고 온도가 낮으면 고추의 고소한 향과 색깔을 충분히 빼낼 수 없기 때문이다. 국물에 불맛을 내는 것은 한국 중화요리에서만 있는 조리법이라고 할 수 있는데, 상당한 기술이 요구되는 조리법이다. 하얀 짬뽕이든 고추짬뽕이든, 불맛이 관건이다.

　고추짬뽕의 탄생은 육개장에서 영감을 받아 만들어졌다는 설과 중화요리점에 비치된 양념통의 고춧가루를 우동과 짜장면 등에 쳐서 먹는 것을 보고 영감을 받았다는 설, 그리고 식객들의 주문으로 만들어졌다는 설 등이 있다. 정확한 사실은 누구도 알 수 없지만, 1960년대 후반부터 짬뽕은 빨갛게 된다. 이 시기 갈비찜과 동등한 반열에 있던 떡볶이도 빨갛게 되기 시작한다. 고춧가루가 대량생산되기 시작하는 시기와 맞물린다.

이제는 짬뽕 하면 빨간 짬뽕이 대표적이고, 오히려 하얀 국물의 짬뽕을 하얀 짬뽕이라고 구별해서 부른다. 예전에는 짬뽕 외에는 삼선짬뽕과 고추짬뽕뿐이었지만 지금은 홍합짬뽕, 굴짬뽕, 옛날짬뽕, 냉짬뽕, 나가사키짬뽕, 고추바지락짬뽕, 부대짬뽕, 문어짬뽕, 크림짬뽕, 해물불짬뽕 등 종류가 다양해서 셀 수도 없다. 요즘은 자체 상호를 브랜드화한 짬뽕도 속속 생겨나고 있고, 심지어 명품 짬뽕이라고 해서 바닷가재 짬뽕이 생겨나기도 했다.

짬뽕은 후난 초마면으로 출발해 처음에는 '잡탕'이라는 단어를 대체하더니 한국 중화요리의 대표 술국인 계란탕과 훈탕을 밀어냈다. 어느 순간 삼선짬뽕과 하얀 짬뽕을 제치고 빨간 짬뽕이 대한민국 대표 짬뽕이 되더니, 이제는 명실상부 중화요리점의 흥망을 결정하는 자리에까지 올랐다. 승승장구한 짬뽕, 지금은 가히 짬뽕의 전성시대라고 해도 과언이 아니다.

03

요리류 이야기

중화루의 대표 요리 '용호투'

"먹어보지도 못한 중국 궁중의 요리 혹은 중국의 전설적인 요리 말고! 국민 다수가 알고 즐겨 먹는 중화요리야말로 한국의 중화요리다."

한국에서 인천 화교 사회를 대표하는 건축물을 뽑으라고 하면 화교들은 인천화교학교, 인천화교협회 대청(大廳)·의선당(義善堂), 짜장면 박물관인 공화춘(共和春), 산동동향회(山東同鄉會), 그리고 대불(大佛)호텔이었던 중화루를 꼽는다. 이 건물들은 모두 개항기 조계지 시절부터 있었던 것들이다.

　최근 한국 최초의 서양식 호텔인 대불호텔을 복원하면서 인천 화교들이 가지고 있었던 중화루에 대한 기억 또한 살아났다. 중화루에 대한 화교들의 추억과 이야기들이 다시 회자되면서 이 건물이 화교가 아닌 일본의 호텔이었다는 사실에 놀라는 화교들도 있다. 그도 그럴 것이, 한국의 화교들 가운데 1945~50년에 건너온 사람들이 많은 터라 광복이나 한국전쟁 이전에 대한 사실은 구전으로만 아는 것이 전부다. 인천의 자랑으로 인천을 대표하고, 인천 화교의 자랑이자 인천 화교를 대표하는 중화루가 본래 일본 것이라는 사실을 받아들이기가 힘든 모양이다.

1970년대 이후 인천화교학교를 다닌 학생이라면 누구나 공화춘의 깐풍기(乾烹鷄)와 중화루의 용호투(龍虎鬪)에 대해 들어본 기억이 있다. 특히 신문에 중화루에 관한 기사가 실린 날이면 중산학교 선생들의 이야기보따리는 더욱 풍부해진다. 공화춘과 달리 이미 사라진 중화루에 대한 이야기는 상상력을 불러일으키기에 충분했다. 어떤 선생님은 1960~70년대 공화춘 깐풍기의 비법과 함께 그 깐풍기가 청와대에서 포장해 갈 정도의 유명세를 떨쳤다고 말하는가 하면, 또 다른 선생님은 중화루의 메뉴 중 하나인 용호투를 알려주면서 학생들의 식욕을 현저히 떨어뜨리기도 했다. 이 용호투가 바로 당시 중화루를 대표하는 고양이 요리다.

용호투는 살쾡이와 독사로 만든 국물 요리로, 조리 과정에서 마치 용과 호랑이가 싸우는 모양을 연상시킨다고 해서 지어진 이름이다. 풍수지리의 '좌청룡, 우백호, 전주작, 후현무'라고 해서 살아 있는 독사는 왼손에 쥐고, 살쾡이는 오른손으로 잡고 끓은 물에 동시에 넣는다. 순간 독사는 독이빨을 드러내며 살쾡이를 휘어 감고, 살쾡이는 날카로운 이빨과 발톱을 드러내면서 독사를 잡는다. 강자와 강자의 싸움은 용과 호랑이를 연상시킨다.

용호투는 우리가 '광둥 요리'라고 부르는 중국 광둥 일대의 요리

용호투.

다. 맛으로 먹는 요리라기보다는 보양식의 일종이다. 허한 비(脾)를 튼튼하게 해주며, 식욕 촉진에도 도움을 준다고 한다. 과거 이 요리는 세계적으로 중국을 대표하는 요리였다. 끓은 물에 익힌 독사와 살쾡이의 살코기를 채로 썰어 볶고 각종 한약재와 양념을 넣고 다시 끓여낸다. 때로는 닭을 같이 넣고 조리하기도 한다. 감칠맛을 더해주는 닭은 이때 봉황을 상징한다. 지금은 동물 보호 차원이나 사회적 인식 때문에 이미 혐오 식품이 되지 않았을까 싶다. 그래서 중국 후베이에서는 독사를 대신해 선어(鱔魚)라고도 부르는 '드렁허리'를 쓰고, 살쾡이를 대신해 돼지고기를 사용하는 조리법이 있기도 하지만, 당시 중화루에서는 독사와 살쾡이(고양이)로 요리했다는 회고록과 기사가 있다.

한편 중화루를 대표하는 또 하나의 요리로 잉어찜이 있다. 이 요리를 이름 그대로 잉어를 쪄낸 요리로 생각하면 큰 오산이다. 1925년 3월 23일자 《동아일보》 6면 사회면의 〈중국료리제법〉에서 중국요리

잉어로 조리한 오향훈어(잉어찜).

의 '링어찜'을 소개하는데, '링어찜'의 중국 요리명으로 오향훈어(五香燻魚)라고 적었다. 오향훈어는 상하이 요리에 속하며, 초어 즉 잉어 두 마리로 조리한다. 중국 전역에서 찾아볼 수 있는 요리다. 오향훈어는 중국 설날 때 반드시 먹는 음식 중 하나다. 잉어(鯉魚)의 한자가 이득을 뜻하는 이(利)와 발음이 같아 길함과 이윤 따위를 의미한다. 그 길함과 이윤이 쌍행(雙行) 하라는 뜻으로 잉어 두 마리로 조리하는 것을 원칙으로 한다.

　오향훈어는 짭조름하고 달짝지근해서 인기가 매우 많은 요리다. 오향훈어는 따뜻한 요리가 아니라 식혀서 먹는 요리다. 산둥을 포함한 중국 북쪽에서는 남쪽과 달리 잉어가 아닌 삼치로 오향훈어를 만든다. 산둥 출신 화교가 대다수를 차지하는 한국에서는 삼치로 만

114

든 오향훈어를 맛볼 수 있다. 잉어 혹은 삼치의 지느러미와 대가리, 내장을 제거한 뒤 얇게 토막 내어 상온에 단시간 숙성한다. 숙성 후 그대로 튀겨내서 간장과 설탕으로 조린다. 조리는 과정은 한국의 갈비찜과 비슷하다고 봐도 무방하다. 그리고 상온에서 다시 식혀 내보낸다.

100년 전 한중 퓨전 요리 양장피

"그동안 누구도 대답 못했던 양장피의 뜻을 밝힌다! 양장피는 중국어로 '두 장의 피(皮)'를 말한다. '피'는 녹두 전분을 물에 녹여 다시 응고시킨 것으로, 이 '피'를 주재료로 하는 요리가 있는데 한 접시에 두 장의 피가 들어간다. 그래서 붙은 별명이다."

지리적 환경이나 역사적 배경으로 보았을 때 한국인과 중국인은 꽤나 오래전부터 교류해 왔다는 점은 부인할 수 없는 사실이다. 한국과 중국의 역사는 사관(史觀)에 따라 다를 수 있겠지만, 평양 을밀대 아래에 있는, 이른바 기자(箕子, 중국 은나라 왕족)의 무덤이 있다는 것이 이를 말해준다. '화교'라는 단어는 근대에 들어와 비로소 생겨난 어휘다. 중국 저장대학교(浙江大學校) 역사학과 교수인 차이수룽(蔡蘇龍, 채소룡)에 따르면, 청나라 말 19세기에 먼저 화상·교민(僑民) 등의 개념이 생겨나기 시작했고 1883년 정관응(鄭觀應, 1842~1922, 당시 기선투자국 총판)이 이홍장(李鴻章, 1823~1901, 청나라 말 명신)에게 올린 상서에 '화교'라는 단어(凡南洋各埠華僑最多之處, 須逐漸布置, 亦派船米往)가 처음 사용되었다. 그 후 1911년 신해혁명(辛亥革命) 직후 중국의 국부인 쑨원(孫文)

이 "화교는 혁명의 어머니(華僑爲革命之母)"라는 말을 하면서 '화교(華僑)'라는 개념과 어휘가 보편화되기 시작했다. 그 후 해외에 거주하는 모든 중국계 국적을 가지고 있는 중국인들을 '화교'라고 칭했다. 이 시기에 한국에도 화교들이 있었던 것으로 알려져 있다.

한국의 화교 사회가 정식으로 형성된 것은 1882년부터다. 그 후 130년 정도가 지난 2011년, 미국에서 많은 중화요리 전문가들과 미식가들의 관심과 주목을 받은 요리가 있었으니 이 요리가 바로 양장피(兩張皮)다. 중국 사람들한테는 매우 생소하겠지만, '양장피'라는 요리는 한국 사람들에게 매우 익숙하면서도 배달로 시켜 먹을 수 있을 정도로 흔한 요리다. 미국에서 이 요리를 소개한 요리사는 조지아주 콜럼버스에 위치한 '셰프 리의 베이징 식당(Chef Lee's Peking Restaurant)'의 리쉐멍(李學孟) 스푸였다. 그는 미국의 인기 요리 프로그램인 〈당신도 요리할 수 있다(YAN CAN COOK)〉의 진행자 마틴 얀(Martin Yan, 甄文達)에게 극찬을 받아 그의 프로그램을 통해 미국 시청자들에게 직접 소개되기도 했다. 특이하고도 재미있는 이름을 더해서 그런지 양장피는 미국에서 '한국의 중화요리'를 대표하는 요리로 자리 잡는다. 리쉐멍 스푸는 박정희 정권의 화교 정책이 시행되던 1978년 미국 캘리포니아주 샌프란시스코로 이주한 한국 화교 2세다. 흔히 1960~90년을 한국에는 차이나타운이 없었던 시절이라고 하는데, 법무부의 통계에 따르면 화교 정책으로 한국 화교의 인구는 점차 감소했고 1970년대 초부터 미국을 비롯해 호주, 대만 등지로 이주했다. 1960년대 말까지 4만 명을 헤아렸던 화교들 가운데 2만 명 이상이 외국으로 이주했으며, 미국의 캘리포니아주 지역에만 현재 8000여 명의 한국 화교 출신자들이 거주하고 있다. 1980년대에서 1990년대 말까지도 이민은 꾸준히 이어져 매년 한국 화교의 약 2~4퍼센트가 해외로 이주했으며, 이 기간에 6000여 명의 한국 화교가 한국을 빠져나갔다고 한다. 결과론적으로 박정희 정권의 화교 정책이 한국의 중화요리가 세계 각국으로 퍼져 나가는 데 촉매 역할을 한 셈이다.

양장피는 '양장피(兩張皮)'라는 이름 즉, '두 장의 껍질'이라는 공통된 이름으로 세계 각국에 알려져 있다. 한자 문화권 나라에서는 '양장피(兩張皮)'라고 하고, 영어권인 나라에서는 'DOUBLE SKIN DISH'라고 옮겨 부른다. 한국이 아닌 다른 나라에서 양장피를 파는 식당은 모두 한인(韓人) 아니면 한국 화교 출신자라고 해도 과언이 아니다. 이것은 더 물을 나위도 없이 '양장피'라는 이름이 바로 한국에서 생겨났기 때문이다. 정확히 말하자면 한국의 화교에 의해 양장피가 지역의 특성에 맞게 바뀌고, 한국 사람들이 이 요리를 '양장피'라고 한 것이다. 그렇다면 한국 사람들은 왜 '양장피'라고 불렀을까? 사실 이것은 중화요리에 관심이 있는 사람이라면 공통적으로 가지고 있는 물음이다. 뜬금없는 이야기라고 할 수도 있겠지만, 양장피는 한국의 잡채와 관련이 많다. 한국 사람들은 그동안 양장피를 '양장피잡채 (兩張皮雜菜)'라고 불러왔다. '양장피가 들어간 잡채'이기 때문에 그렇게 불렀던 것이다. '양장피잡채'의 '양장피'는 무엇을 말하는 것일까? 1931년 4월 24일자 《동아일보》 4면 생활·문화면에 연재 기사 하나가 실린다. 그 기사에는 "중국 사람이 파는 양장피도 불려 넣고 겨자도 치고(…)"라는 내용이 있다. 여기서 말하는 '양장피'는 양장피 요리가 아니라 주재료인 라피(拉皮)를 가리킨다. 라피는 '얇은 녹말묵' 같은

라피(양장피) 조리 과정
1. 물에 희석된 녹말을 철기에 편다.
2. 물에 희석된 녹말을 더운물에 데친다.
3. 찬물에 식힌 후 철기에서 당겨낸다.

것이다. 녹두나 감자녹말을 물에 희석해 더운물에 데치면 투명해지
는데, 찬물에 식혀 묵처럼 만든다. 중국 남방에서는 라피를 '펀피(粉
皮)'라고 한다. 1930년 12월 5일자 동아일보 7면에 수록된 기사에 따
르면, 당시 양장피의 가격은 80전이었다.

라피는 손쉽게 보관하기 위해 건조하기도 하는데, 특히 대량생산
과 유통 과정에서는 건조가 필수다. 연재 기사에서 언급된 '양장피'
가 바로 건조한 라피다. 건조된 라피를 물에 불리면 다시 묵처럼 된
다. 1919년 황해도 사리원 동리에서 당면 공장이 운영되었다는 기록
이 있는 것으로 보아, 이 시기에 제조 방법이 비슷한 건조된 라피가
유통된 것으로 보인다.

그렇다면 '라피'는 어쩌다가 '양장피'로 불렸을까? 이에 대한 많은
설이 있는데, 화교 스푸 사이에서는 양장피를 '차오러우피(炒肉皮)'라
고 부른다. 한국 화교 스푸들은 요리 이름을 줄여서 부르는 습관이
있는데, 탕수육을 '탕러우(糖肉)'라고 한다든가, 짜장면을 '장몐(醬麵)'

이라고 한다든가, 해물잡탕(海雜伴)을 '자발(雜伴)'이라고 줄여서 말하곤 한다. 이처럼 양장피도 '차오러우쓰라피(炒肉絲拉皮)'를 줄여서 '차오러우피'라고 한다. 차오러우쓰라피는 유명한 산둥 요리다. 이 요리 한 접시에 들어가는 라피는 두 장을 써야 한 접시의 양을 채울 수 있다. 그래서 주문이 들어오면 라피 두 장을 준비하라는 말로 "양장피! 양장피!"라고 했고, 피(皮) 두 장의 의미인 중국어 양장피라는 별명이 붙었다.

양장피는 라피를 가리킨다. 그렇다면 '양장피잡채'의 잡채는 어쩌다가 붙은 이름일까? 《규곤요람(閨壼要覽)》(1860)이나 《조선무쌍신식요리제법(朝鮮無雙新式料理製法)》(1936)에서 언급되는 잡채의 조리법을 정리하면, '고기나 야채 혹은 해산물 등을 채 썰어 익힌 후 섞어 겨자장이나 초장에 찍어 먹는다'로 요약할 수 있다. 특이한 점은 《규곤요람》에서는 당면을 언급조차 하지 않았고, 《조선무쌍신식요리제법》에서는 당면을 사용하는 것이 좋지 않다고 했다는 것이다. 이렇듯 탕평채에 양장피를 섞어 먹는 것처럼 잡채에 양장피를 섞어 먹는 것이 지금의 '양장피잡채'라고 할 수 있다.

여기서 재미있는 것은 한국의 중국요리에는 '잡채'라는 요리가 따로 있는데, 한국의 잡채는 중국의 요리 기법으로 당면을 넣고 센 불로 볶아내는 요리다. 흔히 우리가 말하는 '잡채밥'의 그 잡채다. 한국의 중국요리 잡채를 화교들은 뭐라고 부를까? '차오러우(炒肉)', 뜻밖에도 '고기볶음'이라고 부른다. '잡채'가 어떻게 '고기볶음'으로 불릴 수 있을까? 답은 '양장피잡채'와 '차오러우쓰라피'에 있다. '양장피잡채'의 '양장피'가 '차오러우라피'의 '라피'가 되니까 자연스럽게 '잡채'

한국의 중화요리 양장피.

를 '차오러우'라고 부른 것이다. 그래서 '차오러우라피'에는 라피 위에 '고기볶음'만 있는 반면 양장피에는 요즘의 잡채와 형태가 비슷한 '차오러우'가 라피 위에 있다. 이것은 라피가 양장피로 불렸다는 방증이기도 하다.

양장피는 어쩌면 한국 화교들의 삶을 대변하고 있는 요리일지 모른다. '두 장의 껍질'이라는 이름이 마치 이를 대변하듯이, 이방인의 애환을 그대로 나타낸다. 국적이 불분명한 요리이면서 따뜻한 요리(러차이)도 아닌 것이 차가운 요리도 아니다. 현대 중국어에는 이른바 '양장피 현상(兩張皮現象)'이라는 말이 있다. 이 말은 한 가지 일을 두 가지 관점으로 보거나 한 가지 일에서 두 가지 결과가 나타날 때 쓴다. 양장피야말로 이 요리에 가장 어울리는 이름이 아닌가 싶다.

청관의 프라이드치킨 짜바께

한 세기 전 프라이드치킨

'짜바께(炸八塊)', 얼핏 들으면 짜파게티처럼 들리는 이 요리는 20세기 초 '청관(淸館)'을 대표하는 요리 중 하나다. '청관'은 청국 조계지를 한국 사람들이 부르던 지명이다. 1905년 '지나팅(支那町)'이 되었다가 1914년에 지계 제도가 폐지된 후 1937년 '미생덩(彌生町)'으로 불렸지만, 우리는 계속해서 그곳을 '청관'이라 불렀다. 언제부터 차이나타운이라고 불렀는지 모르겠지만 지금의 그곳이 바로 당시 '청관'이라 불리던 곳이다. 당시 '청관'의 모습은 어떠했을까? 지금은 '기억'에서만 존재하는 '짜바께'라는 요리를 통해 당시 '청관'의 풍경과 한국 중화요리 변천의 사회적 배경을 살펴보고자 한다.

신태범(愼兌範, 1912~2001)의 《開港後의 仁川風景》(인천향토사연구회, 2000)의 '기억'을 빌리자면, 지금의 개항동 주민센터가 있는 대로가 바로 청관의 번화가라고 한다. 이 대로 양측에는 동순태호(同順泰號)를 비롯한 중국 거상들의 광대한 점포가 즐비하게 서 있다고 한다. 동순태호를 설립한 사람은 담걸생(譚傑生)으로 불리는 탄이스(譚以時, 1853~1929)다. 담걸생은 당시 화교 상인의 대표자였다. 1924년 《동아일보》는 그를 "조선의 최고 납세자"라고 소개한 바도 있다. 그가 낸 토지세와 가옥세는 2위 일본인 납세자의 세금보다 각각 213퍼센트, 350퍼센트 많은 금액이었다고 한다.

'청관'은 배산임수의 명당자리다. 지금은 간척되었지만 과거에는 해변이었던 곳으로, 벼랑에 붙여 지은 건물이라 도로변은 2층, 후면은

인천 최초의 의학박사이면서 《개항 후의 인천 풍경》의
저자 신태범.

4~5층 정도 되는 고층 건물이 있었다. 그 뒤로는 각국 지계 언덕 위
에 인천 개항장의 랜드마크 '존스턴 별장'이라고 불리는 제임스 존스
턴(James Johnston) 씨의 별장이 있었다. 영국 영사관, 세창양행의 사
택, 오례당(吳禮堂)의 저택 등 우아한 양관과 어울려 조화를 이루고
있던 청관 일대의 황색 고층 건물은 외항에서 바라보면 한 폭의 아
름다운 풍경화를 보는 듯했다고 신태범 박사는 '기억'한다. 그리고 그
뒷길에는 광대한 청국 영사관 건물이 자리해 있었고, 점포 사이에는
객잔(여관), 잡화상, 음식점, 이발관, 세지(중국식 목욕탕), 주택 등이 빽빽
하게 들어서 있었다고 한다. 아침에는 콩국(豆醬, 더우장)을, 저녁에는
두부를 파는 행상들도 골목을 누비고 다녔다고 한다. 호떡집도 이미
여러 곳에 있었고, 청국 비단과 광목을 파는 포목점과 마분지, 콩기
름, 양잿물 등 일용품을 파는 잡화상까지 한국촌의 내동, 경동, 신포
동 등으로 진출했다고 한다. 식당만 즐비하게 있는 지금의 차이나타

운하고는 전혀 다른 모습이다. 일상의 소소함과 잊어버린 듯한 과거의 감정들을 느끼게 하는 모습이다. 물론 한 폭의 아름다운 풍경화와 어울리지 않는 모습도 그의 '기억'에 존재했다. "싼 품값을 아껴 가며 지내는 빈곤하고 불결한 살림과 툭하면 '아편 밀매'다 '부녀자 유괴'다 하는 범행을 저지르는 음흉한 성격 등 (…)"이라고 '기억'하는 것으로 보아 청나라 말 중국의 암울했던 모습과 비슷해 보인다.

그는 "인천 사람은 가장 먼저 백간(白乾兒, 배갈), 노주, 황주 같은 청국 술을 마시고 해삼탕, 짜바께, 양장피 같은 처음 보는 청요리를 맛볼 멋쟁이가 되었다"고 '기억'한다. 그리고 대불호텔이 개업하고 이듬해 개업한 호텔 동흥루와 싸리재 쪽 평화각, 그리고 호화판 베이징 요리를 선보여 일약 경인(京仁) 간의 명물로 부상했다는 중화루를 '기억'한다.

'짜바께'는 닭을 여덟 조각 내어 튀김옷을 입혀 튀겨 낸 닭 요리다. 우리가 먹는 프라이드치킨과 같다. 영계 한 마리를 여덟 조각을 낸다

1910년 외항에서 전망한 인천의 모습.

는 것이 특징인데, 그래서 그 이름 또한 '여덟 덩어리를 튀기다'라는 뜻의 '炸八塊'이다. 닭의 목을 제외한 다리 부위와 날개 그리고 닭 가슴 부위 이렇게 여덟 조각이다. '짜바께'는 중국 허난(河南) 요리다. 허난 요리는 '위차이(豫菜)'라고 하는데, 중국 중원(中原)의 요리다. 200여 년의 역사를 가진 '짜바께'는 중국의 문학가 겸 사상가인 루쉰(魯迅, 1881~1936)과 현대문학가인 야오쉐인(姚雪垠, 1910~1999)이 가장 즐겨 먹던 요리로 더욱 유명하다. 당시 중국에서도 '짜바께'는 유명한 요리였다. 유명한 요리에는 항상 '바오차이위(報菜語)'라는 글귀가 따라다니는데, 요리를 손님상에 올릴 때 외치는 글귀로 "乾摟炸醬不要芡, 一隻鷄仔剁八瓣, 又香又嫩又好看.(짜장을 볶을 때는 전분을 쓰지 않고 걸쭉하지 않게, 영계 한 마리는 여덟 조각 내고, 군침이 도는 야들함이 보기 또한 좋네.)"라고 한다. 여기서 짜장이 왜 등장하는지는 알 수 없지만, 공교롭게도 우리의 짜장은 전분을 사용하여 걸쭉하다.

한편, 우리에게는 '치느님(치킨+하느님)'이라고 부르는 음식이 있었으니, 치킨 가격 인상이 사회적 이슈가 될 정도로 치킨에 대한 우리의 사랑은 매우 크다. 우리는 프라이드치킨을 언제부터 먹었을까? 조사에 따르면, 1957년 1월 8일 《동아일보》에서 닭다리 튀김 요리가 소개된 것이 처음이다. 그 후 1977년 신세계 백화점 식품 매장에 국내 최초 치킨 프랜차이즈인 '림스치킨(lims chicken)'이 생겼다. 당시에는 식용유가 양산되기 전이라 전기 오븐으로 굽는 방식이 선호되어 한동안은 전기구이 방식의 통닭 위주로 유통되었고, 1970년대에 들어서면서 폭발적인 경제 성장과 함께 식용유가 본격적으로 양산되기 시작하면서 닭을 통째로 튀긴 통닭의 인기가 올라가게 된다. 튀김 통

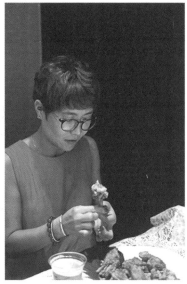

짜바께. 요리 재현 학익동 왕가(王家).

닭은 재래시장의 닭집을 중심으로 퍼져 나갔다고 한다.

　한국의 화교들은 '짜바께'를 '짜바기(炸八鷄)'라고도 부른다. 지금은 찾아볼 수 없는 요리이지만 1970년대 메뉴에서 그나마 '짜바께'의 흔적을 찾을 수 있다. 炸鷄(짜기, 닭튀김)의 전신이 바로 '짜바께'다. 현재 차이나타운에 가면 '짜바께'를 '기억'하는 이들이 적지 않다. 현역에서 활동 중인 차이나타운 최고령 셰프는 '짜바께'를 언급하자 "짜바께는 여덟 조각, 깐풍기(乾烹鷄)는 열여섯 조각!"이라는 '바오차이위'가 있다고 하고, 어떤 셰프는 튀김옷을 한 번 더 입혀 "겉은 바삭하고 속은 야들하게" 하는 것이 조리 과정의 관건이라고 한다. 인기 절정의 한 중식 셰프는 "과거에는 식당 뒷마당에서 닭을 키워 주문이

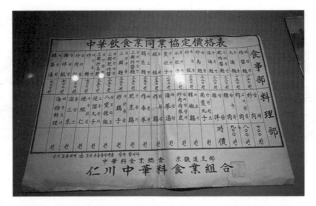

1974년 인천 중화요식업조합 협정가격표. (짜장면박물관 소장, 사진
촬영: 인천화교협회)

들어오면 바로 잡아 '짜바께'를 조리했는데, 언제부터인지 그런 여건
도 안 되는 데다 싸고 편리하게 프라이드치킨을 먹을 수 있는데 지금
누가 '짜바께'를 찾겠느냐!"라고 했다.

혹자는 한국의 중화요리에 대한 '기억'이 '무슨 의미가 있나?'라고
반문할 수도 있겠지만, 당시의 '청관'은 바로 민간 문화 교류의 장으
로서 한국의 중화요리의 발원지이며, 한국의 중화요리는 한중 민간
문화 교류의 산물이라고 할 수 있다.

자오둥 반도 지역의 설 음식 전가복

동네 배달 음식 '잡탕', 알고 보니 1949년 10월 1일 신중국 건립 축하 만찬의 메뉴

한국의 인천과 중국의 자오둥 반도(膠東半島) 사이에는 한국명 서해

(西海), 중국명 황해(黃海)가 있다. 이 바다 안에는 세계 8대 진미 중 하나이면서 인삼(人蔘), '제비집'이라고 불리는 옌워(燕窩), '샥스펀'이라고 불리는 위츠(魚翅)와 어깨를 나란히 하는 것이 있으니 바로 해삼이다. 해삼 중에서도 최고의 해삼으로 인정받는 황해의 해삼은 건조 과정을 거치면 1킬로그램에 100만 원을 호가하는 최고의 중화요리 재료가 된다. 이 최고의 재료로 가장 요리를 잘하는 곳이 바로 자오둥 반도인데, 여기에서도 옌타이의 요리를 최고로 꼽는다.

한국식 중국요리의 기반을 찾는다면 중국 옌타이에서 찾아야 할 것이다. 중국 산둥성 동쪽에 있는 옌타이는 북쪽으로는 황해에 인접한 자오둥 연해의 항구도시다. 이 지역의 요리를 '자오둥차이(膠東菜)'라고 하는데, 중국 4대 요리의 으뜸이면서 8대 요리의 으뜸인 '루차이'의 한 종류다. 베이징 요리와 중국 둥베이(東北) 요리의 원형이 되는 '루차이(魯菜)'는 '자오둥차이(膠東菜)', '지난차이(濟南菜)', '취푸(曲阜)의 쿵푸차이(孔府菜)'로 나뉜다. '자오둥차이'는 푸산(福山, 현재의 옌타이

건조 과정을 거친 후 다시 물에 불린 황해 해삼.

시 푸산구)이 발상지다. 한국 중국요리의 기반을 옌타이에서 찾는 이유는 다음과 같다. 첫째, 한국에서 최초의 중국 식당으로 기록되는 두 식당 즉 공화춘과 중화루의 창시자가 모두 옌타이 사람이다. 둘째, 옌타이에만 있는 유명한 코스 요리 형식의 연회 요리 '쓰얼바'가 한국 화교 사회 연회 요리의 대명사로 불린다. 셋째, 옌타이의 '푸산다몐(福山大麵)'이 한국 중국요리의 짜장면, 울면, 우동을 포함한다. 여기에 "1882년 임오군란이 발발했을 때 산둥성 옌타이에서 출발한 청군(淸軍)과 함께 온 화상이 근대에 이르러 최초의 한국 화교가 된 것으로 본다"라는 기록까지 있는 것으로 보아 한국식 중국요리의 기반이 '자오둥 요리'라고 해도 큰 무리는 없어 보인다.

한국식 중국요리에는 해삼을 이용해 만든 고급 요리가 많다. 이 중에서 가장 대중적인 것이 한국어로 '잡탕(雜湯)'이라고 불리는 요리인데, 해삼과 전복, 왕새우 같은 바다의 진미를 한데 모아 조리한다.

이 요리의 정확한 명칭은 '하이자발(海雜伴兒)'이지만, 한국의 화교들은 '자발(雜伴兒)'이라고 부른다. 자오둥 반도 지역에서는 설날에 잡탕, 즉 자발이 상에서 빠질 수 없다. 해음 문화(諧音文化)로 이루어진 '우의(寓意)'를 상당히 중시하는 자오둥에서 이 요리를 설날에 먹는 이

전가복 재료 모음.

전가복 조리 모습.

유는 요리의 이름에서 유추할 수 있다. 잡(雜)의 사전적 의미에는 '섞이다, 뒤섞이다' 등의 의미 말고도 '만나다, 만나게 하다, 모이다, 모으다'라는 의미도 있다. 반(件)의 사전적 의미에는 '짝, 반려, 동반자, 벗, 동료, 큰 모양, 한가로운 모양, 모시다, 동반하다, 의지하다' 등의 의미도 있다. 한국도 그렇겠지만 중국에서도 설날 때 '전가단원(全家團圓, 온 가족이 한데 모이다)'을 바란다. 그래서 온 가족이 평안하게 한곳에 모이기를 바라며, 자오둥 반도 지역의 사람들은 설날에 온 가족이 한데 모였다는 의미로 잡탕, 즉 자발을 먹는다.

한국식 중화요리에는 이 요리와 매우 유사한 요리 하나가 있다. 바로 '취안자푸', 즉 '전가복'이다. 한국 화교 사회의 스푸들은 '자발'과 '전가복'의 차이점을 뚜렷하게 제시하지 못한다. 이들 대부분이 조리법은 같으나 부재료의 선택 혹은 칼질에 차이가 있다고 하거나, 전가복에는 고급 재료를 사용한다는 정도로 설명한다. 심지어는 이 두 요리가 똑같다고 말하는 스푸들도 있다.

다음은 한 중국 미식가의 블로그 내용이다.

小时候逢过年时, 我们和叔叔家聚在一起吃团圆饭, 小叔是
做厨师的, 这一餐团圆饭理所当然的由他掌勺了. (중략) 每当
这满满一"鱼池"(一种大号盘子)的"海朵伴"端上, 我们这些小
孩子们早已迫不及待的举箸向这盘荣"进军"了. (중략)
"全家福"其实也叫海朵伴, 是用扇贝丁'海螺肉'虾仁'鱿鱼等
几种海鲜烹饪出来的一道美肴, 制作这道荣其实不难, (후
략)18

어릴 적 설날이 올 때면 우리는 삼촌네에 모여서 설날 저녁
을 먹는다. 작은삼촌의 직업은 요리사이기 때문에 당연히
작은삼촌이 요리한다. (중략) 매번 이 가득 찬 '수족관(특대
사이즈의 접시)'인 '잡탕'이 상에 오르면 아이 어른 할 것 없이
체면 불고하고 접시를 향해 진격을 한다. (중략)
'전가복'은 사실 '잡탕'이라고도 부른다. 관자와 소라, 새우,
오징어 등 여러 가지 해산물로 조리한 요리다. (후략)

위 내용에서 알 수 있듯이 전가복이 곧 '자발(雜伴兒)'이며, 설날에
먹는 요리다.

다음은 2014년 중국 인터넷 매체 첸룽왕(千龍網)에 실린, 〈국가연
회 '전가복' 원래의 이름 잡탕(國宴'全家福'原名海雜拌')〉이라는 제목의
기사다.

전가복.

(전략) 有人问过申建国"全家福"这道菜的? 申建国回答说：
"那个时候,'全家福'也没有这么 吉利的名字, 在那个年代叫
海朵拌"[19]

(전략) 선젠궈(申建國) 요리사한테 '전가복'의 유래를 물은 적
이 있다. 신젠궈는 이렇게 답했다. "당시에는 이렇게 고급스
럽고 길한 느낌의 요리 이름도 없었다. 그때는 그냥 '잡탕'이
라고 불렀다.

위 기사에서도 '전가복'의 원래 이름을 '하이자발(海雜伴兒)'이라고

---

1 잡탕의 중국 이름에서 '伴'으로 쓰는 경우와 '拌'으로 쓰는 경우가 있다. 전자
'伴'을 쓰는 것이 이 요리의 성격에 더 부합한다.

한다. 선젠궈는 1949년 10월 1일에 있었던 신중국 건립 축하 만찬의
총괄 조리사였다. 위 기사는 그가 당시를 회고하는 내용 중 일부이
며, 한국 중화요리에서 흔한 '잡탕', 즉 자발(雜伴兒)이 중국 내에서는
상당히 유명한 요리라는 것을 밝히고 있다.

　다음은 그날의 전체 메뉴다.

　　开国第一宴[20]
　　四小碟 : 扬州小乳瓜, 琥珀桃仁, 白糖生姜, 蜜腌金橘
　　八凉菜 : 炝黄瓜条, 香麻蜇头, 虾子冬笋, 芥末鸭掌, 罗汉
肚, 酥焖鲫鱼, 镇江肴肉, 桂花盐水鸭
　　六热菜 : 清炒翡翠虾仁, 鲍鱼浓汁四宝, 东坡方肉, 蟹粉
狮子头, <u>全家福</u>, 口蘑镶焖鸡
　　一汤菜 : 鸡汤煮干丝
　　四道点心 : 炸年糕, 黄桥烧饼, 艾窝窝, 淮扬汤包
　　主食 : 菠萝八宝饭等

　밑줄 친 부분이 바로 이 글에서 다루고 있는 '전가복'이다. 실제로
중국에서는 '전가복'이라는 이름을 가진 요리가 지역마다 각각의 특
색을 가지고 각기 다른 형태로 존재한다. 특히 화이양차이(淮陽菜, 화이
양 요리)의 '전가복'이라는 요리는 해산물이 아니라 닭의 내장과 돼지
고기 완자, 힘줄 등을 야채와 함께 전골 형태로 조리한 것이다. 화이
양에서는 다짜후이(大雜燴)라고 하는데, 설날에 모두 모여서 즐겨 먹
는다. 흥미롭게도 자발(雜伴兒)이 '전가복'으로 불리는 것과 매우 유사

1949년 10월 1일 신중국 건립 축하 만찬의 총괄 조리사 선젠궈(申建國, 신건국).

하다. 전가복의 한자는 '全家福'이다. 전가복의 중국어 의미는 '가족 사진'이다. 온 가족이 모여서 사진을 찍을 때 "전가복을 찍자!(照張全家福!)"라고 한다. 자발이 뜻하는 "전가단원(全家團圓)"과 같다.

1948년 대한민국 정부가 수립되고, 1949년 중화인민공화국이 수립되면서 1992년까지 그 이념의 갈등 속에서 양국은 어떤 교류도 없었다. 그렇기 때문에 한국의 화교 사회에서는 '하이자발'을 '자발'로 부르면서 '전가복'과는 다른 요리로 인식하고 애써 차이를 두려고 해왔다. 사실 이 두 요리는 같은 요리이며, '잡(雜)' 자가 일반적으로 부정적 의미를 가지기 때문에 상서로우면서도 길하고 운수가 좋고 행운이 찾아오길 바라는 긍정적 의미의 '전가복'으로 개명한 것뿐이다.

라조기 재료에 담긴 한국 화교 이야기

라조기, 화교들도 몰랐던 여름 보양식!

여름철 삼복(三伏)은 한중이 공유하는 문화다. 여름에 가장 덥다는 절기인 초복, 중복, 말복에는 보양식을 먹는 풍습이 있다. 특이하게도 영계라고 하는 어린 닭은 두 나라에서 모두 즐겨 먹는 최고의 보양식 재료다. 영계는 중국에서 쯔지(子鷄)라고 한다. 한국의 중화요리에도 이 영계로 하는 요리가 있는데, 그것이 바로 깐풍기와 더불어 유명한 라조기(辣椒鷄)다. 요리연구가 마찬금(馬贊金)은 1974년 8월 9일 자 《매일경제》 8면 생활·문화면에 연재한 칼럼 〈健康(건강) 위한 伏中料理(복중요리)〉에서, 여름철에 스태미너를 보충하기 위한 요리로 라조기와 양장피를 언급했다. 라조기가 여름철 보양식인 복중요리(伏中料理)였다니, 정말 예상치도 못한 사실에 신선한 충격이 아닐 수 없다. 게다가 양장피까지 복중요리였다니, 1970년대까지만 해도 한국의 중화요리에 대한 인식이 지금과는 많이 달랐던 모양이다.

라조기의 정식 명칭은 '라쯔지(辣子鷄)'인데, 풀이하면 '고추와 영계 볶음' 정도의 뜻이다. 여기서 고추는 '호고추'라고 하는 중국 동북 지역의 고추피망을 가리킨다. '피망' 하면 한국의 '화농'을 빼놓을 수 없다. '화농'이란 '농업에 종사하는 한국 화교'를 말하는데, 19세기 말 중국의 거상인 화상들이 한국에 먼저 오고, 20세기 초에는 중국 산둥성 즈푸(芝罘, 지금의 옌타이)를 경유하는 국제선을 타고 채소 씨앗을 가져와 농사를 지었다. 배추, 무, 양파, 부추, 고수, 양배추, 가죽나무(香椿, 참죽), 토마토, 피망, 당근, 우엉, 마, 연근 등은 화상들이 운영하

라조기.

는 객잔(客棧)이나 다관 혹은 중국요릿집 그리고 호병가라고 하는 호떡집 등에 공급하는 동시에 주요 도시 시장에 유통한다. 당시 인천 선린동(善隣洞)에는 '인천중화농업회(仁川中華農業會)'라는 화교 농업협동조합이 있었는데, 인천 화상들의 조합인 '인천화상상회(仁川華商商會)' 다음으로 큰 화교 조직이었다.

라조기에서 빼놓을 수 없는 또 하나의 재료는 바로 죽순이다. 죽순은 통조림을 사용하는데, 중화요리 대가 정순원(鄭順媛)이 1934년 9월 28일《동아일보》에서 소개한 라조기 조리법에도 편리하게 통조림 죽순을 사용하라고 추천했다. 당시 화상 가운데는 서양 잡화를 취급하는 상점이 있었다. 이 서양 잡화점에서는 토마토케첩, 설탕, 조미료, 통조림 등의 식자재도 취급했다.

서양 잡화점의 물건은 '파오단방(跑單幫, 포단방)'이라고 하는 봇짐 장사, 일명 '보따리 장사'들이 가지고 온 수화물(手貨物)에 의해 조달된다. '파오단방'은 거상들과 달리 개인이 하는 소규모 무역상을 뜻한

1930년 인천중화농업회 회원 명부.

다. 이들은 한국에서 필요한 물건을 중국에서 가지고 와 팔고, 중국에서 필요한 물건을 한국에서 가져가 파는 일을 한다. 그래서 인천을 오고 가는 국제선은 항상 만원이었고, 인천에 입항하는 날은 선린동 전체가 분주했다. 애석하게도 '파오단방'들은 큰 보따리를 메고 다닌다는 이유로 '쿨리'라는 오명을 얻게 되고, 또 세금을 내지 않는 수화물 형식의 무역을 한다고 해서 '밀수'를 한다는 오명까지 얻게 된다.

'파오단방'은 또 하나의 화교 조직인 '중화노공협회(中華勞工協會)'에 속한다. 중화노공협회는 전국 주요 도시에 있었으며, 인천에는 인천 지부가 있었다. 석장, 목수, 노동자, 짐꾼, '파오단방', 종업원 등을 '화공(華工)'이라고 한다. 1930년대에 들어오면서 '파오단방'은 화상에 속한다. 1932년 인천항 인구 왕래 통계를 보면, 1000여 명의 화교들이 입국하고 그보다 많은 1000여 명의 화교들이 다시 출국하는 화상에 속한 '파오단방'들의 흔적이 기록으로 남아 있다.

이렇듯 라조기는 한국에서 재배한 중국의 채소와 중국에서 건너온 통조림 식자재로 한국 화교들에 의해 재탄생되었다. 1960년대 들어 라조기에 큰 변화가 일어난다. 그전에는 지금 한국에서 먹는 '닭볶음' 형태의 요리였다면 그 후부터 지금까지는 튀김 형태의 요리로 변한다. 바로 이 튀김 형식의 라조기가 지금 한국인의 입맛을 사로잡았다. 1996년 7월 11일자《경향신문》에 실린 〈호텔 식당가 여름철 보양식 특선 다양〉이라는 기사에 따르면, 1990년대의 많은 호텔 식당에서 여름철 보양식 특선으로 삼계탕 등과 더불어 라조기를 내놓았다고 한다.

라조기는 한국인의 향수를 자극하는 요리가 되기도 했다. 1970~80년대 미국 이민 열풍이 불었을 때, 화상이든 화공이든 화농이든 그리고 학교 선생님이든 한국의 화교라면 누구나 기회와 여건이 되면 미국 이민을 신청했다. 라조기는 이 시기에 미국으로 건너간 한국식 중화요리의 시초가 되었다. 같은 시기에 미국으로 이민 간 한국인들의 향수를 자극한 것이 바로 '배갈 한잔에 라조기'라고 하는데, 한국의 중국요릿집이 한국 사회에서 갖는 역사와 문화적 가치를 보여주는 대목이다.

1930년 중화노공협회 인천지부 회원부.

텍사스 가 광동요릿집 의생성의 광동식 탕수육 '구루러우'

한국의 중화요리는 대부분 산둥 요리인 루차이를 기반으로 하는 베이징 요리나 산둥 요리로만 이루어졌다고 알고 있지만, 실상은 그렇지 않다. 한국에서 제일 흔한 짬뽕(炒碼麵, 초마면)도 그렇고 양장피, 유린기(油淋鷄), 깐쇼새우 등등 베이징 요리나 산둥요리가 아닌 것들이 많다. 특히 깐풍기와 유산슬(溜三絲) 등은 한국에서 탄생한 중화요리다. 깐풍기는 한류를 타고 오히려 '한국의 중화요리'로 역수출하고 있다.

한국의 중화요리 탕수육은 베이징식 탕수육, 광둥식 탕수육, 쓰촨식 탕수육으로 나뉜다. 베이징식 탕수육은 중국의 '탕추리지(糖醋裏脊)'와 류러우돤(溜肉段)이 한국에서 변형된 형태로, 1930년대부터 '탕수육'으로 불렸다. 그 후 1980년대 일본에서 시작한 쓰촨 요리의 바람이 한국까지 불면서 매콤한 쓰촨식 탕수육을 개발한다. 이때부터 탕수육을 구별하기 시작한다. 그 무렵 "새로운 이름으로 등장한 탕수육이 있었으니 그 이름하여 광둥식 탕수육, 바로 중국 개항기 요리를 대표하는 '구루러우(咕嚕肉)' 되시겠다." '구루러우'는 '구라오러우(古老肉, 고로육)'로도 부르고, '咕咾肉(구라오러우)'라고도 쓴다.

20세기 초반까지 중국 내에서 활동하는 상인들은 출신 지역에 따라 '상방(商幇)'을 조직한다. '상방'은 쉽게 말해 비즈니스 그룹으로 생각하면 된다. 중국 역사에서 이름난 상방으로는 광둥성의 월상(粵商), 안후이성의 휘상(徽商), 산시성(山西省)의 진상(晉商), 산시성(陝西省)의 진상(秦商), 산둥성의 노상(魯商) 등이 있다. 이 중국 상인들이 개항기에 인천을 통해 들어오면서 광방(廣幇), 남방(南幇), 북방(北幇), 경방(京

幇) 등을 조직했는데, 세력과 규모가 큰 광방, 남방, 북방을 가리켜 '삼방(三幇)'이라고 했다. '광방'은 광둥성 화상을, '남방'은 화난 지역 상하이, 안후이성, 저장성, 후베이성과 장쑤성, 푸젠성, 후난성 등의 화상을, 북방(北幇)은 허베이성(河北省), 둥베이, 톈진(天津), 산둥성 등의 화상을 말한다.

광방은 한국에서 세력과 규모가 상당했다. 1933년 어느 자료에 따르면, 인천의 광방은 1889년 광동회관(廣東會館)을 설립한다. 광동회관의 설립 취지는 남방회관(南方會館), 북방회관(北方會館)과 마찬가지로 "고향과의 지속적 교류를 통해 가난을 구제하고 재난 구원을 하는 동시에 본방(本幇) 실업 상인에게 자금을 지원하고 교민의 귀국과 매년 선우(先友, 먼저 사망한 동지들)의 제사와 벌초"로 하고 있다. 이 자료에 따르면 인천 광동회관의 주소는 인천 중화가(中華街) 의생성호(義生盛號) 내(內)로 되어 있다.

의생성(義生盛)은 일본 나가사키에 유화성(裕和盛)을 본점으로 둔 무역회사의 한국 총판이었다. 인천 개항기에 개점해 서구의 잡화, 양

구루러우(고로육).

화살표로 표시한 건물이
1960년대 선린동 18번지의
의생성 건물이다.
(출처: 인천화교 부극정傅克正)

주, 식료품, 화장품, 아코디언, 페인트, 중국산 직물과 잡화 등을 도소
매로 팔았다. 의생성은 당시 경성을 한국 총판으로 두면서 목포, 인
천에 분점을 두고 있었으며, 인천 분점은 현재의 선린동 11번지와 18
번지 두 곳을 두고 영업하고 있었다.

1921년 2월 18일 의생성에서《조선일보》에 신문광고를 낸다. "인천
의 의생성은 건물 2층을 전부 서양식으로 개조하고 2월 13일부터 지
나(支那) 광동식 요릿집을 개업하여 특별 할인을 한다"는 내용이었다.

한편, 인천 선린동에는 화교들이 '텍사스 가(Texas 街)'라고 부르는
길이 있다. 이 이름의 유래는, 1960년 전후 선린동에 설립한 인천화
교천주교(仁川華僑天主教, 지금의 해안성당) 성당에서 유래했다. 화교천주
교에서는 화교 양로원을 운영하고 있었다. 양로원은 성당 왼쪽 지하

에 있었다. 화교 노인들은 지상 성당 옆 돌난간이나 계단에 앉아 있는 것을 좋아했다. 거기서 식사도 하고 한가히 잡담도 나누면서 시간을 자주 보냈다. 당시는 미국의 원조가 한창일 때라 화교 노인들은 미국에서 원조한 의류품을 이용하고 있었다고 한다. 그런데 미국에서 원조한 의류품에는 미국 서부 텍사스 쪽 옷들이 많았다고 한다. 화교 노인들이 미국 서부 텍사스의 옷을 입고 영화 '석양의 무법자'의 차림처럼 모자를 쓰고 중국 사람들이 아침에 즐겨 먹는 유탸오(油條)와 더우장을 먹었다고 한다. 마침 양로원 옆 건물이 의생성의 서양식 건물인지라 그렇게 '텍사스 가'라는 길 이름이 바로 붙었다.

의생성의 건물은 쌍둥이 건물이다. 선린동 11번지에 있었고, 화교 성당 옆 18번지에 쌍둥이처럼 하나 더 있었다. 광동요릿집이었던 의생성은 현재의 선린동 11번지에 있었다.

현재 한국의 중화요릿집과 관련하여 기록으로 확인할 수 있는 가장 오래된 곳은 1902년 2월 25일《황성신문(皇城新聞)》에서 언급한 경성 남서(南署) 공동(公洞)의 모 '청요릿집〔淸料理家〕'이다. 그렇다면 2023년 기준 한국 중화요리의 역사는 120년 이상이 되는 셈이다.

'구루러우'는 광동 요리에서도 매우 특색 있는 요리다. 당시 중국 광둥에 있는 서양 사람들이 좋아했던 요리다. 구루러우의 유래로는, 청나라 때 광둥에 있던 서양 사람들은 돼지 등갈비에 탕수 소스를 한 '탕추파이구(糖醋排骨, 탕수등갈비)'를 아주 좋아했다고 한다. 그런데 서양 사람들이 뼈를 발라 먹는 것에 익숙하지 않고 뼈를 뱉어내는 것에도 익숙하지 않아 광둥의 한 요리사가 서양 사람들이 먹기 편하게 뼈를 미리 발라 한입 크기로 만들었다는 유래가 있다. 서양 사람들이 구루러우가 너무 맛있어서 삼키기도 전에 맛있다고 우물우물 중얼중얼한다는 데서 유래했다는 설도 있으며, 역사가 긴 탕추파이구의 변형된 고기 요리라고 해서 구라오러우(古老肉)라는 이름이 붙었다는 설도 있다.

구루러우는 서양인 입맛에 맞춰 탄생한 요리다. 파인애플 구루러우가 있는가 하면 피망 구루러우가 있고 탕수 구루러우, 토마토케첩 구루러우, 사과 구루러우 등도 있다. 한국에서는 케첩에 피망, 파인애플, 과일 등이 들어가는 구루러우가 대표적이다. '구루러우'는 1980년대에 광둥식 탕수육이라는 이름이 붙고 나서 대중에 알려지기 시작한다.

한국 화교들의 기원은 화상이다. 당시 한국의 화교 사회는 삼방으

1920년대 동흥루의 지나 요리 간판과 특등요리 간판, 그리고 의생성의 광둥 요리 간판이 보인다. (출처: 인천 화도진 도서관)

로 이루어졌다. 이 삼방의 요리가 지금 한국의 중화요리를 구성하고 있다. 당시 개항기 인천은 개항기 중국 광둥의 모습과 매우 닮았다. 한국의 문화 속에 서양의 문화, 일본의 문화 그리고 중국의 문화가 융합하던 도시였다. 그 시기 광둥 요리를 전문으로 하던 고급 중화요리점 의생성이 있었고, 광둥 요리를 대표하는 구루러우는 당연지사 서양 사람들이 즐겨 먹는 요리 영순위였음이 분명하다.

만한전석의 난자완스

부잣집 배달 요리에서 인스턴트 '3분 요리'로

'완자'라면 탱글탱글하니 부드러운 식감이 제맛이지만 모양이 넓적하고 납작한 완자가 있으니, 동글동글해야 할 완자를 납작하게 조리해서 더 유명해진 이 요리는 중국에서보다 한국에서 더 익숙한 '난자완스'로 정식 이름은 '난젠완쯔(南煎丸子)'다. 한국에서 앱이나 전화 한 통이면 집까지 배달해 주는 난자완스는 예상 외로 천하제일가(天下第一家)인 공씨 가의 연회인 '공부연(孔府宴)'의 요리 중 하나이며, 그와 동시에 108개의 요리를 사흘에 나눠 먹는다는 황제의 연회, '만한전석)'의 요리 중 하나다.

'공부연'은 황제나 대신 아니면 사신 등을 접대하는 제1등 공부연과 환갑이나 명절 또는 귀빈 접대에 내놓는 제2등 공부연이 있는데, 난자완스는 제2등 공부연의 상어 지느러미 상차림 안에 포함된다. 또한 중국 남방 요리 54개와 북방 요리 54개로 이루어지는 만한전

난자완스.

석에도 포함된다. '만한전석'도 공부연처럼 상황과 대상에 따라 여러 등급의 연회로 나뉘지만 '만한전석'의 존재 자체에 대한 이견이 있어 어느 등급 연회에 난자완스가 들어가 있는지 분명하지는 않다. 그러나 입에서 입으로 전해오는 중국 만담〔相聲〕에서는 만한전석 전체 상차림 요리를 275개로 보는데, 이 중 100번째에 난자완스가 있었다고 한다.

난자완스가 한국에 들어온 과정을 이야기할 때는 한국의 화교를 빼놓을 수 없다. 19세기 말부터 시작된 한국의 중화요리는 조리 기법을 비롯해 베이징 요리를 기반으로 한다. 당시 베이징에서 내로라하는 요리사가 대부분 산둥 출신이었으며, 한국에서 내로라하는 중화요리 요리사 역시 대부분 산둥 출신이었다. 그래서 당시 베이징에서 유행하는 요리가 지금 한국의 중화요리라고 해도 과언은 아니었으니, 난자완스가 한국의 중화요리에 들어가 있다는 것이 지극히 당연하다고 할 수 있겠다.

난자완스가 언제 한국에 들어왔고 언제 한국에서 대중화되었는지

정확히 알 수는 없지만, 인천 차이나타운 짜장면박물관에서 전시하고 있는 1970년대 '중화음식업동업협정가격표(中華飮食業同業協定價格表)'에 난자완스가 들어 있다. 이때 짜장면 가격이 150원이고, 탕수육 가격이 900원이다. 또한 어느 1965년 중화요리업(中華料理業) 가격표에는 난자완스가 500원, 난자완스밥이 280원, 짜장면이 60원, 탕수육이 350원, 잡탕이 480원, 양장피가 480원이다. 중국에서도 그렇고 한국의 화교 사회에서도 그렇고, 난자완스를 라오차이(老菜), 즉 옛날부터 내려오는 요리로 인식하는 것으로 보아 한국에는 20세기 초부터 있었던 것으로 보인다.

난자완스의 이름의 유래에 대해서는 여러 가지 설이 있다. 난자완스는 분명 중국의 북방 요리를 포괄하는 산둥 요리인 루차이인데도 요리 이름은 남전완자(南煎丸子), '남(南)에서 전(煎)한 완자' 즉 '남에서 부친(지진) 완자'의 뜻이 있다. 이에 대해 한국의 화교 사회에서는 '남전'이 아니고 '난전(難煎)' 즉 지지기가 어려워서 붙은 이름이라고 한다. 실제로 난자완스의 완자 조리법 난도가 높기는 하지만, 남(南)과

조리되고 있는 완자.

난(難)은 뜻에서 통하는 구석이 없다.

중국에서는 난자완스를 푸젠 요리인 민차이(閩菜)로 분류하며, 푸젠 방언에서는 남(南) 자와 두 양(兩) 자의 발음이 같아 '완자를 두 가지 방법으로 전(煎)한다'라는 뜻을 가지고 있다는 설이 있다. 또 다른 설 중 하나는 남전(南煎)은 '왕가(王家) 방식의 전(煎)'이라는 것이다. 실제로 남(南)에는 임금(君主)의 뜻이 있다. 그렇다면 두 가지 방식의 전(煎)과 왕가 방식의 전(煎)은 무엇을 가리키는 것일까? 그 두 가지 방법은 한국의 한자 '전(煎)'에서 찾을 수가 있는데, 전에는 '지지다(煎)'의 뜻도 있고 동시에 '졸이다(燒)'의 뜻도 있다. 난자완스의 조리법과 일치한다.

한편, 난자완스의 완자가 납작한 것에 대해서는 위안스카이(袁世凱, 원세개)와 관련한 일화가 있다. 난자완스는 원래 중국 허난성 관부(官府) 요리이며, 황제가 되고 싶은 욕심이 있었던 원세개는 황제 흉내를 곧잘 내곤 했다. 허난 총독 시절 원세개가 관부에서 연회를 열었는데, 관부의 요리사가 완자 요리를 좋아하는 원세개한테 동글동글한 완자를 내놓을 수 없었다고 한다. 피휘(避諱, 황제의 이름과 같은 글이나 발음을 피하는) 문화가 성행하는 시대라 원세개의 성과 발음이 같은 둥글 원(圓), 즉 둥글둥글한 완자를 내놓다가는 피휘에 저촉될 것 같아 완자를 널찍하고 납작하게 눌러 만든 것이었는데, 이것이 난자완스의 탄생이라고 한다. 다른 한편으로는 서양 사람들을 위해 이른바 찹쌀탕수육으로 부르는 궈바오러우(鍋包肉)와 마찬가지로 납작하게 만들었다는 이야기도 있다.

난자완스가 한국에서 대중 음식이 되는 데는 배추가 큰 역할을

난자완스를 조리하는 모습.

했다. 중국의 난자완스는 부재료인 야채를 사용하지 않거나 공부연의 난자완스처럼 볶은 청경채를 곁들이지만, 한국의 난자완스는 중국과 달리 완자와 배추, 말리고 다시 물에 불린 표고버섯과 죽순이들어간다. 여기서 표고버섯과 죽순은 모두 통조림 제품을 사용해서큰 의미는 없으나 배추만큼은 다르다. 배추는 화농들이 경작하고 유통했던 즈푸배추[芝罘白菜] 당시 한국 사람들이 말하던 호배추[胡白菜] 즉 결구배추다. 즈푸는 중국의 옌타이를 가리킨다. 옌타이는 중국 자오둥 지역에 속하며, 자오둥 배추는 중국에서 제일 맛있는 최고의 배추다. 중국의 자오둥 배추는 수분이 많고 아삭한 식감에 단맛이 나는 것이 특징이다. 이 배추가 난자완스와 어울려 맛을 한껏 끌어올렸다. 당시 호배추는 결구(結球)를 하지 않는 한국의 토종 배추인 경성배추(서울배추)와 개성배추를 모두 시장에서 밀어냈다. 지금 한국에서 김장할 때 사용하는 배추가 바로 이 호배추다.

난자완스는 1990년까지만 해도 부잣집에서 배달로 주문하는 대표적인 요리였다. 가격도 가격이지만, 중화요리를 좀 안다는 의미의 고급 요리다. 그도 그럴 것이 본토의 맛을 가장 잘 유지하고 있는 중화요리를 꼽는다면 단연 난자완스다. 난자완스를 잘하는 집은 맛있는 집이라는 등호 관계가 성립된다. 난자완스는 손이 많이 가는 요리다. 한국 기준으로 중식 조리기능사 시험에 출시하는 요리 중 하나이면서 한국의 중화요리 조리 실력을 가늠할 수 있는 요리다. 특히 완자의 육즙과 부드러운 식감이 난자완스의 관건이다.

싸리재 평화각의 '덴뿌라'

'덴뿌라'는 중국식당 메뉴판에서 탕수육 옆에 꼭 붙어 있는 메뉴였다. 언제부터인지 '덴뿌라'는 '고기튀김'으로 순화되고, '고기튀김'은 이제 '부먹찍먹'이라는 유행어를 탄생시키고 메뉴판에서 사라져 간다. 인천의 화교 사회에서는 덴뿌라와 탕수육 하면 싸리재에 있었던 평화각을 빼놓지 않는다. 인천 경동의 평화각을 모르는 인천 토박이는 없을 것이다. 평화각은 이미 기억 속으로 사라졌지만, 평화각의 짜장면과 탕수육은 안 먹어본 인천 토박이가 없을 정도다. 그 시절 평화각의 탕수육은 인천의 명동이라고 하는 경동에서 가장 즐겨 찾

고기튀김 일명 '덴뿌라.'

는 메뉴였고, 학생들의 모임 장소는 물론 결혼식까지 평화각은 인천 토박이의 추억 중 하나임이 분명하다.

인천의 화교 사회에서는 1912년에 개업한 공화춘이 자체적으로 개발한 깐풍기와 몐바오샤(麵包蝦)가 유명했고, 1915년에 개업한 대불 호텔이 전신인 중화루의 광둥 고양이 요리인 용호투와 잉어 요리인 훈어(燻魚)가 유명했으며, 평화각의 베이징식 고기 튀김인 '덴뿌라'와 탕수육이 가장 유명했다. 공화춘, 중화루와 달리 평화각의 개업 연도 는 정확하지 않다.

한편, 인천의 화교 사회에는 '서계(西界)'라고 부르는 곳이 있고 '동 계(東界)'라고 부르는 곳이 있다. '서계'는 서쪽의 조계지라는 의미로 지금의 선린동을 가리키고, '동계'는 동쪽 조계지라는 의미로 지금의 신포시장과 용동 쪽 경동 일대, 그리고 사동을 가리킨다. 일부 인천 화교들은 서계를 '서가(西街)', 동계를 '동가(東街)'라고도 하는데, 이것 은 산둥 화교들이 사용하는 중국 자오둥 방언에서 계(界)와 가(街)가 발음이 같아서 그렇다.

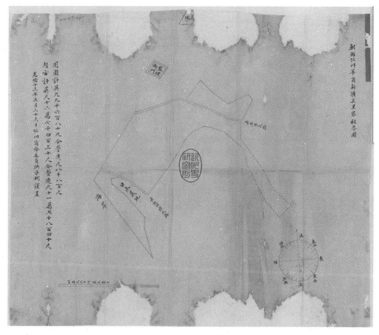

1890년 제도한 인천 싸리재 조계도. (자료 출처: 대만중앙연구원 근대사 연구소 기록보관소 소장번호: 01-41-019-04)

정확히 말하자면 '동계'는 중국의 조계지가 아니었다. 1886년 조계지 확장은 이미 기획되었으며, 1887년에는 10개 조항의 장정(章程)을 제정하여 당시 축현(柚峴)에다 한국 이름을 딴 싸리재 즉 '삼리채(三里寨)' 조계지를 확장한다. 그러나 1894년 청일전쟁에서 패배하자 조선, 미국, 영국, 일본의 반대로 조계지로는 되지 않았다. 하지만 그 후 영업할 수 있는 거류지로써 화상들은 싸리재에 진출한다. 예전의 경동 거리가 서울의 소공동 거리처럼 양복점이 많은 멋쟁이 거리가 된 것이 화상들과 무관하지 않다.

1970년대 평화각에서 결혼식을 올리는 화교 가족.

　원래 조계장정(租界章程)에 따르면 조계지 이외 지역에서는 영업할 수 없지만, 이렇게 평화각은 싸리재에서 영업할 수 있게 되자 인천의 화교 사회에서는 "'서계'에 공화춘과 중화루가 있다면, '동계'에 경동 평화각과 사동 빈해루(濱海樓)가 있다"는 말이 생겨났다. 이들은 서로 경쟁하는 관계였고, 특히 공화춘과 평화각은 인천 화교들의 결혼식 장소로 경쟁이 매우 치열했다. 재미있는 것은 산둥성 무핑(牟平) 쪽 화 교들은 공화춘에서, 산둥성 룽청(榮省) 쪽 화교들은 평화각에서 많이 했다고 한다.

　'덴뿌라'는 베이징의 '간자리지(乾炸裏脊)'다. '리지(裏脊)'는 돼지의 안 심이라는 뜻이지만, 중화요리에서는 보통 살코기를 가리킨다. 또한

'고기 육(肉)' 하면 돼지고기를 가리켜서 한국 화교 사회에서는 '덴뿌라'를 '자러우(炸肉)'이라고 부르고 돼지 사태를 사용한다.

인천 화교 사회에서는 고기를 튀기는 솜씨는 평화각이 최고라고 한다. 평화각의 '덴뿌라'는 테이블에 오기도 전에 고기를 튀기는 그 맛있는 냄새가 코를 찌르는 것으로 유명하다. 돼지기름과 소기름 그리고 콩기름과 파기름의 배합이 맛의 비밀이라고 전해지는데, 특히 후추와 파의 향이 '덴뿌라'에 살아 있다고 전해진다. 1925년 3월 23일자 《동아일보》에 실린 '덴뿌라'의 조리법을 보면 후추 향과 파 향의 비밀이 조금 풀린다. '덴뿌라'는 당시 베이징에서 즐겨 먹는 요리로, 잘 튀겨진 고기에 후춧가루와 파를 넣어서 팬에서 젓고 마무리한다고 소개한다.

평화각의 '덴뿌라'가 유명했던 이유는 베이징에서 즐겨 먹는 조리법을 가지고 경쟁 식당과 차별화했기 때문인 것으로 보인다. '덴뿌라'는 지금 '고기튀김'이라는 이름으로 단지 소스 없는 탕수육 정도로 취급받고 있다. '서계'의 공화춘과 중화루, '동계'의 평화각과 빈해루가 모두 기억 속으로 사라지면서 한국의 중화요리 역시 서서히 사라져 가고 있는 것을 보면 매우 안타깝다.

짜춘권, 봄을 깨물다!

'짜춘권', 언뜻 무협 소설에 나오는 '권법'처럼 들리는 이 요리의 정식 명칭은 '炸春卷'이다. 중국 표준어로는 'ZhàChūnJuǎnr', 중국 자오둥 방언으로는 'ZáCūnGuǎnr' 한자 독음으로는 '작춘권'으로 읽힌다. 그래서 그런지 '炸春卷'은 '짜춘권', '짜춘걸', '싸춘걸', '싸춘권', '자춘걸', '자춘걸' 등으로도 불린다. 외래어 표기법에 따르면 '짜춘권', '자춘쥐안' 정도가 되겠지만, 많은 언론과 요리책 특히 중식조리기능사 시험에서도 '짜춘권'으로 쓰이고 있다. 이를 따라서 이 글에서도 '짜춘권'으로 쓰겠다.[1]

봄이 되면 옛 베이징 골목길에서는 "來! 蘿蔔賽梨?"라고 외치던 무장수가 다녔다고 한다. 우리말로 옮기자면 "자! 무 사세요. 무! 배보다 맛있는 무 사세요" 정도가 될 것이다. 베이징 토박이〔老北京〕들은 입춘에 무를 먹는 풍습이 있다고 한다. "이를 꽉 깨물고 악착같이 하면 모든 일을 할 수 있다(咬得草根斷, 則百事可做)"라는 말처럼 봄이 찾아오는 날 무를 한입 깨물면 모든 일을 할 수 있다는 속설 때문이다.

세시(歲時) 음식을 즐기는 중국 사람들은 봄이 찾아오면 춘권(春卷)을 만들어 먹는다. 춘권은 춘반(春盤) 혹은 춘병(春餅)이라고도 하는데, 봄나물과 봄 채소 혹은 견과류 등을 접시에 담아 밀가루 전병에 싸 먹는 것이 춘권의 유래다. 가난한 집에서는 무를 먹고 부잣집에서는 춘권을 먹는다는 우스갯소리도 있지만, 입춘에 무를 한입 베어 물든지 춘권을 한입 크게 물어 먹든지 이것을 '교춘(咬春)' 즉 '봄을

---

1 '炸春卷'을 '자춘권'으로도 많이 쓴다. 예를 들면 1989년 4월 13일자《매일경제》8면 사회 기사가 그러하다. 그러나 요즘 들어서는 '炸春卷'을 '짜춘권'으로 더 많이 표기한다. 예를 들면, 2014년 12월 22일 방송된 SBS '생활의 달인' 편이 그러하다.

보편적인 중국의 짜춘권.　　　　　　전통적인 루차이의 짜춘권.

깨물다'라고 한다. 이러한 토속적인 가정식 음식을 요리화한 것이 바로 짜춘권이다. 짜춘권은 중국 루차이에 속하며, 조리한 춘권을 다시 굽거나 튀겨서 조리한 것이다. 지금은 중국 전역에서 '춘권' 하면 짜춘권을 뜻하며, 전통적인 루차이의 짜춘권[1]과 다소 차이가 있다.

중국의 보편적인 짜춘권은 재료를 밀가루 전병으로 말아서 그대로 튀기거나 구워 내지만, 정통 루차이의 짜춘권은 재료를 계란지단으로 말아서 다시 밀가루를 얇게 입혀 튀기거나 굽는다. 그런데 여기서 매우 흥미로운 것은 한국의 중화요리인 짜춘권이 정통 루차이의 짜춘권과 모양과 조리법이 매우 닮았다는 것이다.

우선 두 짜춘권의 모양이 매우 닮았다는 것을 알 수 있다. 루차이 짜춘권의 가장 큰 특징 중 하나가 계란지단을 조리할 때 계란에 소금과 전분을 섞는 것인데, 한국의 중화요리 짜춘권도 이와 똑같은 조

1　루차이 짜춘권은 '보산짜춘권(博山炸春卷)'을 말한다. 보산(博山)은 중국 산둥성 쯔보(淄博)에 있는 지역명이다.

한국의 짜춘권.

리법을 가지고 있다. 지단의 조리법은 지단이 얇으면서 탄력을 가지게 하기 위함이며, 비단 지단의 조리법뿐 아니라 재료를 계란지단으로 말아서 다시 밀가루를 얇게 입혀 조리하는 과정까지 꼭 닮았다. 여기서 밀가루를 얇게 입히는 것은 전병을 최대한으로 얇게 붙이기 위해서다. 이와 같은 조리법은 중화요리에서 '튀기는 조리법(炸)'이 가지고 있는 '외취리눈(外脆里嫩, 겉은 바삭하고 속은 부드러운)'의 특징을 실현하기에 충분하다. 이렇듯 루차이 짜춘권과 한국의 중화요리 짜춘권은 그 뿌리를 같이하고 있다는 것을 알 수 있다. 한국에 거주하는 화교의 98퍼센트가 산둥 자오둥 출신임을 감안하면 그리 놀라운 일은 아니겠지만, 타국에서 손에서 손으로, 입에서 입으로 그 전통을 이어온다는 것에 감탄을 금치 못한다. 왜냐하면 중국에서도 루차이 짜춘권은 전통을 이어온 산둥 지역의 특별한 향토 음식으로 평가받기 때문이다.

그러나 애석하게도 루차이 짜춘권과 한국의 중화요리 짜춘권은 식재료에서 큰 차이를 보인다. 루차이 짜춘권의 식재료에는 봄을 상징하는 나물이 사용된다. 대표적인 것이 가죽나물순〔香椿芽〕이다. 다른 계절에는 부추를 사용한다고도 하는데, 한국의 중화요리 짜춘권에는 봄을 상징하는 그 어떤 식재료가 사용되지 않는다. 그래서 그런가, 한국에서는 춘권(春卷/捲)에 대해 사뭇 다른 설이 여럿 존재한다. 예컨대 "춘권(春捲)이란 젊음과 인생만사의 봄이 언제까지나 계속되길 기원한다는 의미이며, 입춘(立春)과 절분(節分)에 먹는 세시 음식이다"[21]라는 설과 "춘권은 만두의 일종으로 중국 설날 음식이다"[22]라는 설, 그리고 "중국에서 봄에 열리는 신년 행사인 춘절에서 먹었던 것으로부터 유래했다"[23]라는 설이 있다. 이와 같은 설이 어떻게 해서 나왔는지는 모르겠으나, 예전부터 그랬던 것은 아니었다. 1989년 4월 13일자 《매일경제》 8면 사회면을 보면, 〈봄철 별미〉라는 기사에 "불도장 요리 외에도 중국식 한방 요리, 봄맛을 상징하는 '자춘권' 등 중국 음식 중에는 희귀한 것들이 아주 많은 편이다"라고 했다. 시간이 지나면서 짜춘권이 가지고 있는 본래의 의미가 퇴색되었다는 증거다. 본래의 의미가 퇴색되어 가니까 재료의 선택에 의미를 두지 않는 것 또한 당연하다.

언제부터인지 짜춘권에 양파, 당근, 피망, 양배추가 들어가기 시작했다. 이는 봄과는 전혀 관련 없는 채소들이다. 다소 억지라고 할 수도 있겠지만 현재 일반 중화요리 식당에서, 짜춘권 속을 만드는 재료에서 해삼과 새우를 빼고 그대로 조리하면 고추잡채가 된다. 꽃빵이 항상 붙어 다니는 그 고추잡채 말이다. 이 고추잡채에서 죽순을 빼

푸성귀전 조형물.

고 당면을 넣으면 잡채 요리가 된다. 이것을 밥 위에 얹으면 잡채밥이 된다. 잡채밥의 재료에서 해물과 고춧가루를 넣고 볶으면 술안주로 인기인 짬뽕 국물이 된다. 여기에 당면을 빼고 면에 말면 짬뽕이 되고, 고춧가루를 빼면 백짬뽕이 되고, 볶는 과정을 생략하고 계란을 풀면 우동이 되고, 전분을 첨가하면 울면이 된다. 다시 말해, 식재료가 매우 한정적이다. 여기서는 그 원인을 하나의 조형물에서 찾는다.

이 조형물을 보면, 바닥에는 양배추·당근·양파·피망이 널려 있고 파는 사람 손에는 우엉이 들려 있다. 그것을 일본 사람에게 파는 사람이 바로 화농, 즉 지금 화교의 1세대다. 그들의 고객은 주로 일본인이다. 일본인의 수요에 따라 본토에서 씨앗을 가져와 농사를 지었

다. 다시 말해, 당시 일본인이 즐겨 먹거나 좋아하는 채소임이 분명하다. 이 채소들이 바로 위에서 언급했던 채소다. 여기서 의문이 드는 것은 한국의 중화요리가 어떤 수요로 인해 시작되고 어떤 요인으로 인해 지금의 모습까지 왔느냐는 것이다. 지금 이렇게 보면 한국의 중화요리에는 일본의 요소들이 농후하다. 대표적으로 '다꾸앙(沢庵漬け)'을 밑반찬으로 내놓는 것이 그러하다. 만약 일본인들의 수요 때문에 한국의 중화요리가 시작되었다면, 이제는 지금의 수요에 따라 변해가야 할 때가 아닌가 싶다. 짜춘권을 조리하는 한 중화요리 종사자는 인터뷰를 마치며, "손이 많이 가고 시간이 많이 걸려서 안 하려고 하는 거예요"라고 한탄했다. 그렇다. 이것이 바로 지금 한국 중화요리의 현주소다. 현재 한국의 많은 중화요리 식당에서 짜춘권을 찾아보기가 힘들어졌다. "다리 달린 것은 의자만 빼고, 날개 달린 것은 비행기만 빼고 다 먹는다"는 속된 말처럼 중화요리의 재료는 무궁무진하다. 그 재료로 만들어진 요리 또한 무궁무진할 것이다. 이제는 새로운 수요에 맞는, 또는 새로운 수요를 만들어 내는 한국의 중화요리들이 나올 때다. 한국의 중화요리 종사자들이 반드시 주목해야 할 대목이다.

한국에만 있는 중화요리 유산슬

유명 연예인 덕분에 유산슬도 명실상부 한국을 대표하는 중화요리 반열에 올랐다. 한국의 중화요리들은 문화 교류의 특징을 가지고 있는, 이미 100년이 넘은 한중 문화 교류의 상징이다. 모든 음식 문화의 교류처럼 한국의 중화요리도 현지 입맛에 기호, 선호하는 재료의 조리법, 먹는 방법, 경제성 등 여러 방면으로 영향을 받는다. 쉽게 말하면 같은 요리이지만 중국에서 하나의 맛과 형태였던 것이 한국에서는 또 다른 맛과 또 다른 형태로 '현지화'한다.

한국에는 지리적·문화적·역사적 특징 때문인지 중국에 없는 중화요리가 있다. 앞에서 언급했듯이 중국식 청포묵이라고 할 수 있는 양장피(兩張皮=拉皮)가 들어간 잡채로 한식과 중식의 퓨전 형태인 '양장피 잡채'가 있는가 하면, 중국에서는 이름도 찾아볼 수 없는 요리 '유산슬(溜三絲)'이 있다. '류산슬'은 중국 자오둥 지역의 말소리를 한국 말소리로 옮긴 이름이지만 두음 법칙 때문에 유산슬이 된다.

유산슬은 중국의 위츠(魚翅) 요리에서 나온 요리다. 뜬금없는 소리라고 할 수도 있겠지만, '싼쓰위츠(三絲魚翅, 산슬어시)'라는 상어 지느러미 요리에서 불린 마른 상어 지느러미를 뺀 요리다. '산슬어시'에서 '산슬'은 불린 마른 해삼 채와 채 썬 닭다리 살 그리고 채 썬 겨울 죽순을 가리킨다. 이 세 가지 채 썬 재료를 볶은 후 불린 마른 상어 지느러미를 소스와 함께 '모자를 씌우다(蓋帽, 개모)'라는 조리법으로 그 위를 덮는 요리다. 불린 마른 상어 지느러미의 톡톡 터지는 식감과 꼬들꼬들한 불린 마른 해삼 그리고 육류의 부드러움과 겨울 죽순의 아삭함이 함께 목으로 술술 넘어간다. 중국 산둥 요리 루차이를 대표하는 최고급 요리 중 하나이며, 중국에서도 일부 최고급 식당에서만 찾아볼 수 있고 한국에서는 호텔급 중식당에서만 찾아볼 수 있는 요리다. 싼쓰위츠는 한국 말소리로 '산슬샥스펀'이라고 불러야 하

조리된 유산슬.

지만 '삼선샥스핀(三鮮魚翅)'으로 잘못 부르고 있다.

　유산슬은 '산슬샥스핀' 요리에서 샥스핀을 뺀 '산슬(三絲)'을 '유(溜)'
했다고 해서 붙은 이름이다. 그 맛과 형태 목 넘김, 그리고 식감까지
최대한 살리기 위해 선택한 조리법이다. '유(溜)'는 루차이에서도 손꼽
히는 조리 기법 중 하나로, "물에 녹인 녹말가루를 볶은 재료에 끼얹
어 솥의 굴곡에 따라 흐르듯 솥을 돌려 이어 볶아내는 기술"이다. 이
때 소량의 국물과 녹말가루가 반응을 일으켜 요리 전체가 걸쭉해지
면서 시쳇말로 '목구멍으로 술술 넘어간다.' 유산슬은 '산슬샥스핀'과
외관적으로도 매우 흡사하다. 한국의 중화요리 종사자들도 헷갈릴
때가 많다. 값비싼 최고급 요리를 싼 가격에 먹을 수 있게 되니, 이로
써 유산슬이 대중화하게 된다.

　유산슬은 일반 중식당을 대표하는 요리다. 정확히 언제부터 생겼
는지 모르겠으나 경제성과 대중성을 갖춘 것으로 보아 중식당이 대
중화한 1960년대에 화농이라고 하는 농업에 종사하는 한국 화교들
이 대거 중식당을 운영하는 화상으로 전업한 그 시기가 아닌가 싶

다. 하지만 단지 값비싼 최고 재료인 마른 상어 지느러미를 빼고 단가를 맞춰 대중화한 요리가 된 것은 아니다. 재료 측면에서는 또 하나의 최고급 재료인 불린 마른 해삼이 있고, 조리 측면에서는 중국 황제의 입맛을 사로잡았다는 '유(溜)'라는 기법이 있었기 때문이다.

중국 산둥 옌타이의 푸산은 '루차이의 고향'이라는 칭호를 가지고 있다. 중국 명·청 시대 황제들의 입맛을 사로잡았다는 요리사가 이 지역 출신들이다. 특히 이곳은 명나라의 목종 황제가 천자의 수레까지 보냈다는 일화가 있을 정도다. 그때 황제가 매료되었다는 요리가 바로 생선 살을 '유(溜)'한 '조류어편(漕溜魚片)'이다. 이러한 명성 덕분에 중국 근대에 이르러서도 산둥 요릿집이 외국인들이 많이 거주하는 베이징·톈진·다롄 등에서 성행했고, 그중 대부분을 옌타이 출신이 운영했다. 특히 옌타이의 푸산 출신이 많았는데, 이들은 근대 한국에서도 외국인이 많이 거주하는 주요 도시에서 요릿집을 운영했다. 한국의 전설적인 중국요릿집인 인천의 공화춘, 중화루, 서울의 아서원(雅敍苑)이 모두 옌타이 출신이고, 이 중 중화루와 아서원은 옌타이의 푸산 출신 화교가 운영했다. 한국의 손으로 뽑는 국수 기술, 이른바 수타면이 오래전부터 전해 내려온 이유 또한 옌타이 푸산이 수타면의 원조이기 때문이다.

유산슬은 현재 한국의 대중 음식으로 자리 잡았다. 채 썬 닭다리 살 대신 채 썬 돼지고기를 사용하고, 겨울 죽순 대신 식감이 매우 떨어지는 통조림 죽순을 사용하는 것이 일반적이었다. 지금은 채 썬 갑오징어 살과 새우 살 그리고 채 썬 불린 마른 표고버섯과 팽이버섯을 요리에 더 넣어서 더욱 풍부해 보이도록 요리하는 경향이 있는데, 채

유산슬.

썬 불린 마른 해삼을 빼거나 소량을 사용함으로써 단가를 낮춘다. 마른 해삼은 상당히 고가의 재료이기 때문이다.

유산슬은 한국에만 있는 중화요리다. 유산슬의 탄생을 통해 한국 중화요리의 탄생, 그리고 중국요릿집의 사회적 위치와 기능, 중국요릿집이 갖는 상징을 들여다볼 수 있었다. 루차이는 독창적으로 발전해 온 중국 북방의 요리다. 중화요리 계보에서도 최고의 요리로 손꼽힌다. 루차이의 발원지는 중국 산둥이다. 유가 사상의 발원지답게 요리의 색과 향, 맛과 멋을 고르게 갖췄고 산(酸, 신맛), 첨(甛, 단맛), 랄(辣, 매운맛), 함(咸, 짠맛) 오미(五味)가 조화를 이룬다. 유가 사상의 중용지도(中庸之道)를 드러낸다는 평가다. 한국의 중화요리는 또한 루차이를 기초로 두고 있다. 21세기인 지금 '중용지도'를 담고 있는 중화요리를 먹을 줄 아는 21세기의 멋쟁이가 되는 것 또한 괜찮지 않을까 싶다.

화농과 화상의 요리 '부추잡채'

오래된 중국요리점, 이른바 '중국집'은 대부분 화상이 운영한다. 이러한 노포(老鋪)들을 보면 중국 특정의 음식 문화, 특히 중국 북방 루차이의 격식이 남아 있다. 외관은 좀 허술해도 요리와 주식(식사)을 내놓는 순서를 엄격하게 지키고, 요리와 요리를 내놓는 순서 또한 엄격하게 지킨다. 만약 단맛 요리 혹은 주식과 함께 먹는 요리를 다른 요리보다 먼저 손님 식탁에 올렸다가는 큰 낭패를 볼 수도 있다. 이를테면 손님이 짜장면과 짬뽕 그리고 탕수육을 주문했다면, 탕수육을 반드시 먼저 내놓고 탕수육을 다 먹어 갈 때쯤 짜장면과 짬뽕을 내놓아야 한다. 한국의 중화요리에서는 이것을 팅신얼(聽信兒)이라고 하는데, 종업원은 손님들의 식사 진행 상황을 항상 체크한다. 이것이 화상들이 운영하는 '중국집' 노포의 가장 눈에 띄는 특징 중 하나다. 또하나 눈에 띄는 특징이 있다면, 플라스틱 재질의 용기를 되도록 사용하지 않는다는 것이다. 그리고 짜장면을 먹을 때 마늘 몇 쪽을 달라고 하면, '짜장면 먹을 줄 아는 손님이네!'라고 여기고 기꺼이 준다.

만약 일반 중화요리점과 '중국집' 노포를 구별할 수 있는 요리가 있다면, 아마도 '부추잡채'가 아닌가 싶다. 이 요리의 원래 이름은 '차오주차이러우쓰(炒韭菜肉絲)'다. 언제 누가 이 요리를 '부추잡채'로 옮겼는지는 모르겠으나 1939년 이 요리를 '부추잡채'로 소개한 중화요리 강좌가 있었다. 다시 말해, 이 요리는 공식적으로 적어도 80년이 된 한국의 중화요리가 되겠다. '부추잡채'는 부추와 돼지고기로만 볶아내고 간은 소금 혹은 간장으로 잡는 요리다. 15초 정도를 빠른 속도로 볶아 완성하는 요리이기 때문에 팬의 열기 조절, 즉 '궈치(鍋氣)'가 관건이다. 불의 세기와 시간을 가늠하는 '훠허우(火候)'는 중화요리의 핵심이라고 할 수 있는 조리 기술이다. '궈치'가 세면 부추가 설익고, 부추 특유의 냄새를 잡지 못한다. 반면 궈치가 약하면 부추가 풀이 죽어 부추에서 물이 나온다. 중화요리의 채소볶음에서 물이 나왔다는 것은 곧 조리 실패를 의미한다. 손님상에 올려서는 안 된다. 이렇듯 '부추잡채'는 조리사의 실력을 상당히 요구한다. 다음은 《동아일보》 기획 연재 〈강습회에 실습할 지나 요리 몇 가지〉 중 1939년 5월 16일에 게재된 세 번째 기사에서 소개하는 중화요리 강좌의 '부추잡채' 레시피다. 마찬가지로 '궈치'와 '훠허우'를 강조한다.

재료 제육 五十匁(오십 문), 부추, 기름, 간장.

조리법 고기는 살을 연한 데로 골라서 가늘게 썰고, 부추는 잘 씻어서 한 치가량으로 썰고, 냄비에 기름을 펄펄 끓이다가 고기를 넣고 들들 볶다가 간장을 치고 부추를 넣어서 속히 손 빨리 저어서 놓습니다. 부추가 너무 익어도 못 쓰나니 겨우 익을 때 꺼냅니다.

'부추잡채'에 사용하는 부추는 한국에서 즐겨 먹는 '조선부추'가 아니다. '호(胡)부추'라고 하는 '중국부추'를 사용하는데, '조선부추'에 비해 길이가 길고 두툼한 편이다. 지금은 한국에서도 재배하기 때문에 계절에 상관없이 '부추잡채'를 먹을 수 있지만, '중국집' 노포에서는 한국에서 재배한 중국 부추를 사용하지 않는다. 이미 토착화한

조리가 끝난 부추잡채.

'중국부추'는 질겨서 볶음요리에 적합하지 않기 때문이다. 얼마 전까지만 해도 강원도에 있는 한 화교에게서 '중국부추'를 택배 방식으로 공급받았는데, 현재는 화상들이 운영하는 '잡화점'에서만 공급한다. 화상들이 운영하는 '잡화점'은 화상들의 또 다른 주업종으로 한국 화교들의 장의 용품부터 중국 식당의 일부 재료와 주방 도구까지 파는 곳이다. 지금은 '잡화점'에서 '중국부추'를 어디서 어떻게 공수해 오는지는 정확하지 않지만, '부추잡채'는 겨울에만 즐길 수 있는 계절 음식이기 때문에 '중국집' 노포에서는 겨울철에만 '부추잡채'를 메뉴에 넣는다. '부추잡채'를 먹기 위해 화상들이 운영하는 노포를 찾는 한국 손님들이 상당히 많다. 겨울철 '부추잡채'에 배갈 한 잔이

중국부추 일명 호부추.

'중국집' 노포를 찾는 이유이기도 하다.

과거 '호부추'는 화농들이 한국에서 재배해 화상들이 운영하는
식당이나 '잡화점'에 공급했다. 한국에서 농업에 종사하는 화교들을
'화농'이라고 하는데, 1911년에 조사한 화교들의 직업 분포 현황을 참
고하면 당시 한반도에는 1500여 명의 화농이 있었다. 대부분이 채
소 농원(菜園子, 차이위안쯔)을 경작했다. 한반도의 야채 수요와 화교 수
가 증가함에 따라 채소 농원은 1922년 5000여 곳으로 늘어났다. 인
천에서는 1911년에 이미 인천 채소경매장의 전신인 '농업공의회(農業
公議會)'가 조직될 정도였다. 화농들은 중국에서 수시로 수입한 종자
로 경작했는데, 한국 사람들 입맛에 아주 잘 맞았다. 화농들이 재배

1990년대 화농 1세대 이씨 할아버지. 인천화교소중산중학교 정문 앞에서 채소를 팔고 있는 모습. (촬영: 김보섭 작가)

한 채소를 '호채(胡菜)'라고 했는데, 지금 한국에서 즐겨 먹는 배추·무·양파·토마토·피망·당근·우엉·마·연근 등이다. 개항기인 19세기 말 화농들이 경작한 채소의 거래로 상권이 형성되고, '인천 신포국제시장'의 전신인 이른바 '추성궈전(-廛)'을 이룬다. 경기 김포, 부천 일대와 인천 도화동, 숭의동 등 지역에서 농사를 지었다.

1990년대만 해도 인천 신기촌과 연수동 인근의 몇몇 화농이 경작한 채소를 화교 사회에 공급했지만, 현재는 화교들의 기억 속에만 존재한다. 화농들은 매우 근면했다. 경작에 필요한 비료로 쓰기 위해 각 가정의 인분(人糞)을 처리해 주었으며, 짬을 내어 화교 가정의 잡다한 일을 해주거나 조리(笊籬) 같은 중식 주방에서 사용하는 도구를 만들기도 하면서 채소를 구매할 고객을 확보했다고 한다. 또한 사계절 날씨에 따른 채소를 재배하면서 토지를 한시도 놀리지 않고 이른 바 '해가 뜨면 밭에 가 일하고, 해가 지면 집에 돌아와 쉬는' 생활을 했다.

이제는 화농들이 경작한 부추로 만든 '부추잡채'를 먹을 수는 없지만, 그 발자취는 아직 한국 화교들의 기억 속에 남아 있다. 그들은 주요 채소 외에도 강낭콩·풋콩·땅콩 등을 화교 가정에 공급하기도 했는데, 그들의 푸성귀는 고향에 갈 수 없던 시절 화교들의 향수를 달래주기에 충분했다.

해삼쥬스

한국의 중화요리에는 '해삼쥬스'라는 요리가 있다. 얼핏 해삼의 즙 (juice)으로 오해될 수 있는 이 요리의 중국어 이름은 '하이션저우쯔 (海蔘肘子)'이다. 한자 발음으로는 '해삼주자'이지만, 특이한 한국의 중화요리 표기에 따라 '해삼쥬스'로 된 것으로 보인다. 이 특이한 표기법은 일정한 규칙 없이 때로는 한자 발음으로 표기되는가 하면 때로는 한국어로 번역되기도 하고 때로는 개연성조차 추측하기 힘든 형태의 표기가 섞여 있기도 하다. '해삼쥬스'가 바로 이 경우에 속하는데, '해삼'은 우리가 익히 알고 있는 해삼이고 '쥬스'는 저우쯔(肘子), 다음의 사진처럼 '식재료가 될 돼지의 다리'를 말한다.

중화요리의 '하이션(海蔘)' 즉, 해삼은 모두 말린 과정을 거친 건해삼을 사용한다. 이 건해삼은 다시 물에 불리는 과정을 거쳐 요리의

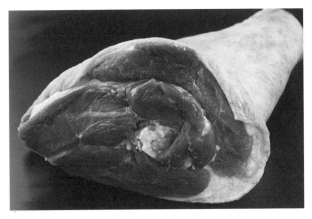

저우쯔.

재료로 사용되는데, 이 과정이 매우 섬세해서 숙련된 경력자의 손길이 필요하다. 불순물 유입에 주의하면서 삶는 과정과 식히는 과정 그리고 헹구는 과정을 반복한다. 이 과정은 최소 3일 이상 걸리는데, 혹시라도 불순물이 유입되면 해삼이 눅고 과정이 숙련되지 않으면 해삼이 원하는 크기로 불지 않으면서 식감과 맛을 잃게 된다. 그렇기 때문에 한국 중화요리에서 가장 정성을 쏟는 재료 중 하나가 바로 해삼이다. 해삼은 세계 8대 진미 중 하나이면서 인삼, '제비집'이라고 불리는 옌워, '샥스핀'이라고 불리는 위츠(魚翅)와 어깨를 나란히 한다. 특히 한국의 인천과 중국의 자오둥 반도 사이의 한국명 서해, 중국명 황해의 해삼이 가장 귀하다. 이 해역의 해삼이 건조 과정을 거치면 1킬로그램에 100만 원을 호가하는 중화요리 최고 재료가 된다. 이 최고의 재료인 해삼으로 요리를 가장 잘하는 곳이 바로 자오둥 반도다.

'해삼쥬스'는 루차이의 고급 요리, 즉 다젠(大件)이다. 요리 이름에

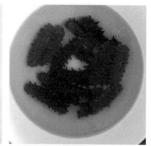

건해삼.　　　　　　　　　　　　　　　　　　　물에 불린 건해삼.

서도 알 수 있듯이 '해삼'과 '저우쯔'로 이루어진 요리다. 특이하게도
두 재료를 같이 조리하는 것이 아니라 따로 조리된 두 요리를 하나
로 합치는 형태다. 다시 말해, 해삼 요리를 조리된 저우쯔 위에 덮는
것이다. 이 두 요리는 각각 '훙샤오하이션(紅燒海蔘)'과 '훙샤오저우쯔
(紅燒肘子)'인데, 둘 다 역시 루차이의 다젠에 속한다.

　훙샤오(紅燒)는 중국 '8대 요리 계통'에서 흔히 사용되는 조리 기법
이다. 쉽게 말해 '볶으면서 붉게 졸여낸' 기법이다. 여기서 '훙(紅)'은 짙
은 갈색에 가까운 붉은색을 말한다. 중국 남쪽 요리를 대표하는 광
둥 요리에서는 '라오처우(老抽, 진한 색을 내는 싱거운 간장)'를 사용하여 색
을 내지만, 루차이에서는 간장과 '당살(糖色兒)'을 사용하여 색을 낸
다. '당살'은 루차이에만 있는 독특한 조리 기법이다. 우리가 즐겨 먹
는 맛탕, 즉 '바쓰(拔絲) 고구마'의 갈색 설탕물 같은 것이 바로 '당살'
이다. 이것을 영어로 번역한 것이 지금 우리가 말하는 '캐러멜 색소'
다. '당살'은 원래 약재로 사용하는 얼음사탕 즉, 빙당(氷糖)을 물에 가
열하여 만들지만, 지금은 대부분 정제된 설탕을 사용한다. '당살'을
사용하는 이유는 식욕을 돋우는 색과 윤택 그리고 단맛을 내기 위

해서다. 짜장면 장(醬)에 '캐러멜 색소'를 첨가하는 이유가 바로 이러한 이유 때문이다. 샤오(燒)는 소스나 양념이 재료에 깊게 스미게 하는 기법으로, 볶은 후에 살짝 졸이는 방식이다. 이렇게 조리된 '해삼'과 '저우쯔'는 아래와 같은 모습이다.

먹기 좋게 썬 훙샤오저우쯔를 대접에 깔고 그 위에 훙샤오하이션을 올리면 완성되는 '해삼쮸스'는 쫄깃하면서도 부드러운 해삼과 기름지면서 느끼하지 않은 저우쯔가 식순에 지루해진 연회 참석자들의 속을 든든하게 해 술이 잘 받도록 한다. 그래서 에피타이저인 냉채 다음으로 첫 번째 메인 요리로 나온다는 특징이 있으며, '해삼쮸스'가 나오면 함께 잔을 들어 건배하는 습관도 있다. '해삼쮸스'는 자오둥 반도 룽청(榮城)을 대표하는 요리다. 상당수의 한국 화교들의 본적이 룽청인 것으로 보았을 때, 한국 중화요리에 '해삼쮸스'가 있다는 것이 매우 자연스럽다. "옌타이에 '취안자푸(全家福, 전가복)'가 있다면 룽청에는 '해삼쮸스'가 있다"는 말이 있는데, 이 말을 토대로 중국에서는 이 두 음식으로 지역의 연회를 구분한다. 반면, 한국의 화교 사회에서는 이 두 음식이 연회에서 같이 나오는 경우가 많다. 그 이

홍샤오하이션.

홍샤오저우쯔.

하이션저우쯔.

홍샤오커우러우.

가공된 돼지고기 홍샤오커우러우.

유는 대부분의 한국 화교가 옌타이 지역과 룽청 지역에 본적을 두고
있고, 이들이 한데 모여 살고 있기 때문이다.

한국의 화교 사회는 구분되는 중국의 문화를 한데 모아 표출하는
특징을 가지고 있다. 위에서 보듯이 음식 문화에서 이와 같은 현상
이 두드러지게 나타나는데, 전형적으로 루차이에 속하는 '해삼쥬스'
에 광둥 요리(粵菜, 위에차이)가 섞여 있는 경우가 있다. 앞서 말했듯이
'해삼쥬스'는 홍샤오하이션과 홍샤오저우쯔 두 요리로 된 음식이다.
그런데 현재 한국 중화요리에서는 홍샤오저우쯔가 아닌 홍샤오커우

러우(紅燒扣肉)로 된 '해삼쥬스'가 대부분이다. 홍샤오커우러우는 광둥 요리에 속한다. '커우러우(扣肉)'는 '삶은 삼겹살을 튀긴 다음 장방형으로 납작하게 썰어서 다시 찐' 요리다. 여기에 홍샤오(紅燒)의 기법을 사용하면 홍샤오커우러우가 된다.

1980년대 후반부터 중화요리의 식자재들이 대량생산되면서 한국으로도 수입되기 시작했다. 해파리, 죽순, 양송이, 가공된 돼지고기, 가공된 돼지갈비, 굴소스, XO소스, 두반장 등 대부분이 광둥 요리에서 사용되는 소스나 식자재다. 이때 '가공된 돼지고기'가 바로 홍샤오커우러우다.

'해삼쥬스'는 연회 음식을 대표하는 요리 중 하나다. 평상시에는 즐겨 먹을 수 없는 요리로, 한국에서는 거의 예약 주문을 하거나 결혼식에 가야 먹을 수 있던 요리였다. 그러나 광둥 요리 위주의 식자재가 대량으로 수입되고 유통되면서 어느덧 홍샤오저우쯔는 가공된 홍샤오커우러우로 대체되었고, 최고의 재료인 해삼은 값싼 동남아 해역의 해삼으로 대체되었다. 지금은 '가공된 돼지고기'의 수입이 금지되면서

현재의 해삼쥬스.

대부분이 훙샤오커우러우를 식자재 공장에서 주문하여 사용한다. 그 결과 현재 한국의 '해삼쥬스'는 위와 같은 형태가 되었다.

현재 한국의 중화요리는 루차이에 속하는 요리가 많지만, '해삼쥬스'와 같이 식자재의 유통 변화나 경제성에 따라 변화하고 있다는 것을 알 수 있다. 이는 매우 자연스러운 현상이라고도 할 수 있겠지만, 한국 중화요리의 전통으로 생각한다면 자오둥 반도의 요리가 속한 루차이의 전통을 지켜 나갈 필요가 있어 보인다.

1920~1930년대의 중화요리 소개

《동아일보》 1925년 3월 23일 기사

중국료리제법

조선 음식은 보통 먹는 것이지만 간혹 음식을 바꾸면 맛도 달라서 새로운 맛이 있습니다. 또 요리 중에 중국요리 같은 것은 조선 사람의 위장에 별 차이가 없어 누구나 대개 좋아합니다. 지금 여기 간단히 중국요리 만드는 법을 소개하겠습니다.

닭찜(白切油鷄) | 1925

암탉을 잡은 다음 털과 내장을 다 버린 후 통째로 솥에 찝니다. 찌는 시간은 세 시간이며 이렇게 찐 후 꺼내서 식혀야 합니다. 식힌 후에는 길이는 7.5cm(원문은 두 치 닷 푼), 넓이는 1.5cm(원문은 닷 푼) 길이의 장방형(長方形)으로 썰어냅니다. 그 후 한 사람당 각자 접시에 썰어 놓은 것을 대여섯

점을 놓고 참기름과 간장을 적당히 섞어 그 위에 칩니다. 그 후 식탁으로 가져가면 암탉 한 마리는 대개 열 사람이 먹을 수 있습니다.

청탕간패(淸湯干貝) | 1925

이것은 돈부리(일본 계란 비빔밥을 담는 그릇)에 넣어 먹는 것입니다. 마른 조개 속을 찌거나 더운물에 물씬물씬하도록 담근 후 물을 짜 죽순, 돼지고기, 버섯을 각각 조개 속 모양으로 썰어 잘 섞은 다음 그 위에 소금을 넣어 간을 맞춘 새고기 국물을 많이 부어 만듭니다. 이렇게 된 것을 달걀 비빔밥에 부어 먹는 것입니다.

저육덴뿌라(猪肉) | 1925

이것은 베이징에서 많이 해 먹는 요리인데 돼지고기의 흰 비계를 전부 긁어낸 후에 길이는 7.5cm(원문은 두 치 닷 푼)와 4.5cm(원문은 한 치 닷 푼)로 하고 두께는 6mm(원문은 두 푼) 정도 하도록 장방형으로 썰어 놓습니다. 그 후에 썰어 놓은 고기를 간장에 적셔 밤가루(栗粉(율분))를 입힌 다음 기름에 튀깁니다. 다 튀긴 후에는 냄비에서 기름만 따라 버리고 거기다 후춧가루와 파를 넣어 섞어 주면 다 된 것입니다. 이것이 보통 덴뿌라와 같은 것입니다.

링어찜(五香燻魚) | 1925

이 요리는 잉어(鯉)를 비늘을 다 긁어 버리고 내장을 빼 버린 후에 넓이를 9mm(원문은 삼 푼)쯤 썰어내 생강과 잘게 썬 파를 간장에 섞은 다음 거기다 썬 잉어 토막을 넣어 삼십 분 동안 담근 후 꺼내 기름에 튀깁니다.

또 다른 그릇에 간장, 초, 설탕, 후추를 각기 적당한 분량으로 섞어 즙(양념)을 만들어 놓고 기름에 튀긴 잉어를 꺼내는 대로 식기 전에 이 섞은 즙을 발라 식힌 다음 한 그릇에 다섯 개나 여섯 개씩 담아 놓습니다. 특히 이 요리는 그 섞은 즙(양념)이 잉어 고기 속에 배어들었기 때문에 맛이 더욱 좋습니다.

《동아일보》 1934년 8월 28일 기사 (칼럼/논단)

秋期家庭講座(추기가정강좌) **(其二**(기이)**) 中國料理**(중국요리) **쓰라탕과 쩡단 만드는 법 <中>**

中國料理(중국요리) **絲瓜湯蒸蛋**(사과탕증단)

쓰라탕과 쩡단 만드는 법 <中>

中國料理 大家 鄭川媛(중국요리 대가 정순원)

사과탕(絲瓜湯) | 1934

絲瓜湯(사과탕. 수세미열매(수세미오이)국)

재료 수세미오이[원문은 絲瓜(사과)] 두 개, 고기 반 근(쇠고기 또는 돼지고기), 생강 조금, 간장 조금, 호초(후추) 조금, 참기름 조금

만드는 법 수세미 덩굴에 매달린 연하고 어린 수세미오이를 껍질을 벗겨 1.5cm(원문은 오 푼) 정도 썰어 놓고 고기는 넓적하고 얇게 썰어 냄비에 기름을 조금 붓습니다. 기름이 끓거든 고기를 넣어 달달 볶은 후 물을 900ml(원문은 반 되)가량 붓고 생강을 조금 넣어 펄펄 끓입니다. 고기가 말랑하게 익은 후 껍질을 벗겨 놓은 수세미오이를 넣고 간장으로 간을 맞춰 푹 끓입니다. 다 익은 후 먹을 때 후춧가루를 약

간 뿌려 먹습니다.

이 국은 일본간장을 넣으시면 소금도 넣으시고 만약 조선간장을 넣으시면 소금은 넣지 마셔야 합니다. 소금을 넣는 것은 국의 국물이 싱겁지 않게 하기 위함이며 후춧가루는 마음대로 넣으셔도 좋고 안 넣으셔도 좋습니다.

찡단(蒸蛋) | 1934

蒸蛋(증단, 계란 찌는 것)

재료 계란 두 개, 고기 조금, 생강 조금, 소금 조금, 참기름 조금, 후춧가루 조금, 물 조금, 갈분가루(칡가루로 만든 전분) 작은술 하나

만드는 법 계란을 깨트려서 잘 풀어 소금을 조금 넣고 물 한 공기(약 325ml) 쯤 섞어 잘 저어 놓습니다. 고기는 난도질해서 생강을 조금 넣고 소금으로 간을 해 후춧가루와 갈분가루를 넣고 잘 주물러 납작하게 만들어 대접 밑에 깔아 놓습니다. 아까 풀어 놓았던 계란을 부어서 밥솥 같은 데 쪄서 먹을 때 참기름을 조금 쳐서 먹습니다. 이 음식은 만들기 퍽 편하고 노인이 잡숫기 좋은 음식입니다.

《동아일보》 1934년 9월 28일 기사(칼럼/논단)

秋期家庭講座(추기가정강좌) (其二(기이)) 中國料理(중국요리) 라즈지와빤양차이 其他(기타) <下>

中國(중국요리)辣子鷄(날자계)와 拌凉菜(반량채)

라즈지와 빤양차이 其他(기타) <下>

中國料理 大家 鄭川媛(중국요리 대가 정순원)

辣子鷄 | 1934

辣子鷄(날자계, 닭고기와 고추로 볶는 것)

재료 닭 한 마리(영계), 죽순 두 개(통조림), 생강 반 개, 파 두 개, 고추 두 개 (큰 호고추), 후추 조금, 간장 조금(일본 간장이나 진간장), 설탕 조금, 기름 알맞게(참기름이나 돼지기름), 갈분가루 조금

만드는 법 영계 한 마리는 털을 잘 뽑아 깨끗하게 씻어 뼈가 붙은 채로 1.5cm(원문은 오 푼)가량 톡톡 썰어 놓습니다. 죽순(요리 만들기 편리 하도록 관통(통조림)에 넣어서 파는 것이 있습니다.)은 두 개를 두툼하게 닭과 같이 썰어 놓고 파는 1.5cm(원문은 오 푼)쯤 숭숭 썰어 놓으며 생강은 반 개를 두 쪽으로 썰어 놓습니다. 고추(푸른 것이나 붉은 것) 는 씨를 빼서 1.5cm(원문은 오 푼)가량 썰어 놓습니다.

갈분가루는 물에 타서 놓고 철 냄비에다 기름을 펄펄 끓여 연기가 날 정도로 끓입니다. 거기다 썰어 놓은 닭고기를 넣고 자주 젓습니 다. 어지간히 볶아지면 죽순과 파, 생강을 넣고 자주 저어 줍니다. 그 후에 간장과 고추를 넣고 잠깐 볶다가 물을 자작하게 넉넉히 넣고 조금 약한 불에다 옮겨 한 시간쯤 끓입니다. 그 후에 설탕을 좀 넣고 간을 끝냅니다. 후춧가루는 조금 넣고 물에 탄 갈분가루를 잘 섞어 서 저어줍니다. 한번 끓거든 접시에 담아 먹습니다. 만일 죽순이 없 을 때는 넣지 않아도 관계없습니다. 잡수실 때 생강은 골라내 버리 고 고추는 맵게 하려면 두 개 이상 넣으셔도 관계없습니다. 갈분가 루를 많이 타도 좋습니다.

생선완자(炸魚球) | 1934

炸魚球(어작구, 생선완자)

재료 생선 한 마리(아무 생선이든 빛이 희고 연하면 좋습니다.), 계란 한 개(계란도 생선 크기에 따라 개수를 늘립니다.), 생강 반 개, 소금 조금, 후춧가루 조금, 갈분가루 적은 술로 두 술, 참기름이나 돼지기름 반 근

만드는 법 생선 비늘을 잘 긁어내 쓸개가 터지지 않도록 창자를 잘 빼서 깨끗하게 씻은 후 껍데기도 다 벗겨서 살만 남겨두고 그 살을 가늘게 회 치듯이 썰어 난도질해 놓습니다. 계란을 잘 풀어서 생선 썰어둔 것에다 부어두고 소금 조금과 생강은 칼집을 내 넣고 갈분가루 두 술과 후춧가루를 넣고 오래 젓습니다. 다 섞어지도록 저어 놓은 다음에는(단 것을 좋아하시면 설탕을 조금 치고) 철 냄비에다 기름을 펄펄 끓여서 생선을 동글동글하게 경단보다 좀 더 크게 만들어서 기름이 끓는 데 넣어서 튀겨 냅니다. 석쇠 같은 데다 종이를 깔고 그 위에다 건져 담아 기름기를 다 뺀 다음에 접시에 담습니다.

냉채(拌凉菜) | 1934

拌凉菜(반량채, 미냉채)

재료 숙주나물 반 근(채소는 자유롭게 외(오이)나 배차(배추)나 마음대로 합니다.), 고기(쇠고기든 돼지고기든 닭고기든 마음대로 합니다.), 계란 두 개, 파 한 개, 간장 조금, 초 조금, 후춧가루 조금, 설탕 조금, 소금 조금, 참기름 조금, 죽순 한 개(생죽순이 없을 때는 통에 넣은(통조림) 것을 사다 쓰십시오.), 완두 큰 술로 한 술(통조림으로 파는 것을 사다 쓰시면 사계절 다 쓸 수 있습니다.)

만드는 법 녹두나물 위아래를 다 자른 다음에 살짝 데쳐서 조리에다 받쳐 놓되 절대 손으로 짜면 안 됩니다. 고기는 가늘게 실같이 썰어서 파와 후추로 양념해서 볶아 냅니다. 계란은 잘 풀어서 소금 조금 넣고 얇게 부쳐 실같이 썰어 놓습니다. 죽순과 파는 채로 썰어 놓습니다. 커다란 양접시에다 숙주나물을 담고 그다음 죽순 채를 담고 계란 썬 것을 담습니다. 그 위에 고기 볶은 것을 담고 그 위에 완두를 담은 다음 파채를 담습니다. 간장에 초를 조금 치고 설탕을 타 초간장을 만듭니다. 접시에 담아 놓은 데다 초간장을 부은 다음 참기름을 조금 쳐 상에 놓습니다. 먹을 때는 젓가락으로 섞어서 먹습니다.

보통 가정에서 잡수실 때는 죽순, 완두는 안 넣어도 좋습니다. 이 요리는 사계절 다 좋은데 대개 중국음식은 기름이 많아 기름진 것을 먹다 이것을 먹으면 입맛이 퍽 새롭고 산뜻합니다. 채소는 자유롭게 마음대로 선택하셔서 오이로 할 때는 오이 껍질을 벗겨 채를 쳐놓고 호배추로 할 때는 배추를 채로 썰어 씁니다. 만드는 법은 다 같습니다.

《동아일보》 1936년 8월 14일 기사(뉴스)

여름철에 먹기 조흔 중국요리 몇 가지

오이지 굴비는 좀 집어치우시고 색다른 요리로 솜씨 자랑도 재미

중국요리 강습을 상당히 받은 여러 주부들이 이제는 탕수육이나 뎀부라(덴뿌라)쯤은 문제가 아닐 만큼 전문가를 압도할 수완들을 가지셨으니 다시 새삼스럽게 중국요리 강의를 하자는 것은 아니지만 아무리 잘 아는 것이라도 막상 해 먹자면 '아 그걸 어떻게 하더라' '분량은 얼마나 하던가' 하는 의심이 생길 때 신문을 좀 들쳐 보시는 격으로 해 잡수어 보십시오. 요새 먹기 좋은 중국요리 네 가지를 소개하겠습니다.

고기뎀부라(乾炸肉片) | 1936

이 고기뎀푸라의 본명은 간니사펜(乾炒肉片, 건초육편)이라 하니 재료는 돼지고기 281.25g(원문은 75匁(문))을 얇게 저며서 그릇에 담고 다른 그릇에 파 두어 뿌리를 다듬어 놓고 생강을 강판에 갈아 섞고 거기다 술, 사탕, 소금을 작은술로 한 술씩을 넣어 손으로 잘 섞어 가지고 거기다 갈분가루를 큰술로 한 술 섞어 놓습니다.

그다음에 다른 그릇에 계란 한 개에 밀가루를 큰술로 두 술 넣고 물을 위 재료의 반쯤 붓고 섞은 데다가 고기를 넣어 무쳐 가지고 기름 끓인 데다 한 조각씩 넣어서 지져 냅니다. 먹을 때는 쏘스나 간장을 찍어서 먹습니다.

작돈(酢豚) | 1936

이름과 같이 돼지고기를 기름에 튀겨 초장국을 쳐서 먹는 것으로 여름에 가장 적당한 요리입니다. 돼지고기 281.25g(원문은 75문)을 두께 1.5~1.8cm(원문은 5, 6분) 정도로 저며 가로세로로 놓은 다음 바둑판만큼 베어 그릇에 담고 생강즙을 내서 섞어 놓습니다.

그다음에 양마늘 한 개를 둘로 쪼갠 후 다시 셋으로 쪼개 풀어 놓아 둡니다. 죽순은 통조림에서 꺼내 잘게 썰어 놓고 느타리 다섯 개를 물에 담갔다가 꼭지를 떼고 썰어 놓습니다. 그릇에 초를 36ml(원문은 2작(勺)), 간장 36ml(원문은 2작), 사탕 큰술로 한 술, 물 18ml(원문은 1작), 갈분가루 작은술로 두 술쯤 준비합니다.

기름을 끓인 냄비에다 미리 준비했던 것을 지져서 꺼내 놓고 그 뒤에 양마늘과 죽순을 잠깐 기름에다 지져 내고 프라이냄비를 불에 넣고 참기름을 두 술쯤 끓이다가 지져 낸 고기, 양마늘, 느타리 등을 넣어서 볶아 가면서 재료가 익으면 준비했던 액을 따라 걸쭉하게 한 다음에 그릇에 담아 놓습니다.

백초육편(白炒肉片) | 1936

돼지고기를 얇게 썰어 그릇에 담고 강즙¹ 낸 생강을 섞어 놓고 술을 작은술로 한 술 넣어서 골고루 잘 주물러 놓은 다음에 다시 갈분가루를 큰 술로 한 술 섞어 놓습니다. 그담에 긴 파를 두어 개를 어슷어슷 썰어 놓고 느타리를 다섯 개쯤 물에 불려 썰어 놓습니다.

통조림에 있는 죽순 한 개를 둘로 쪼개 끓는 물에 잠깐 넣었다가 얄팍얄팍하게 썰어 놓습니다. 다른 그릇에 국물이나 물을 108ml(원문은 6작)가량 준비하고 사탕과 소금을 작은술로 한 술씩, 갈분가루를 작은술로 두 술쯤 섞어 놓은 다음에 준비한 고기를 기름에 지져 내놓고 냄비에 참기름을 한 술 넣어 파와 느타리를 볶아낸 다음에 준비한 국물을 넣고 걸쭉해지면 그릇에 담아 놓습니다.

냉해인(冷蟹仁) | 1936

게와 야채로 한 찬요리입니다. 게 통조림을 한 개 뜯어서 뼈를 추려 낸 다음에 꼭 짜 술 조금에 지져서 놓습니다.

---

1   생강을 찧거나 갈아서 짜낸 즙.

오이를 네 쪽으로 쪼개 씨를 긁어내고 어슷어슷 썰어 소금에 절였다가 꼭 짜놓습니다. 여기다가 긴 파 한 개를 어슷하게 썰어 끓는 물에 잠깐 넣었다가 꺼내놓고 오이, 파를 한데 섞어 생강을 으깨 그릇에 담고 소금 작은 술로 한 술, 초 36ml(원문은 2작), 사탕 작은술로 두 술, 참기름 작은술 한 술을 섞은 다음 식혀 놓은 게를 섞어 그릇에 담아 옵니다.

글로 쓰니 복잡한 것 같으나 한 번 읽어 보시고 머리에 잘 그려서 해보십시오.

《동아일보》 1939년 5월 13일 기사(뉴스)

강습회에 실습할 지나 요리 몇 가지(一)

빠봐지(八寶鷄) | 1939

八寶鷄(팔보계)

재료 닭 한 마리, 죽순 한 개, 밤 이십 개, 백과(百果, 은행) 삼십 개, 생강 반 개, 술(酒), 소금·의유(醫油, 매실초 추정) 각각 조금씩(鹽醬油各少量), 백설탕 조금, 돼지기름 조금

조리법 닭을 잘 씻어서 뼈째로 톡톡 썰어 물기를 빼놓고 죽순도 토막토막 썰어 놓고 은행과 밤은 살짝 데쳐서 껍질을 벗겨 놓습니다. 냄비에 기름을 조금 넣어 펄펄 끓이다가 닭고기를 넣고 들들 볶다가 술을 조금 넣고 밤, 은행, 죽순, 생강을 넣고 물을 좀 넣어 간장을 친 다음 뚜껑을 덮고 한 시간가량 끓여 다 익으면 생강은 버리고 갈분가루를 타서 접시에 담아 놓습니다.

차펜(炒蝦片) | 1939

炒蝦片(초하편)

재료 새우 187.5g(원문은 50문), 죽순 반 근, 표고 네 근, 파 반 근, 소금 조금, 후추 조금, 마늘 반 근, 생강 조금, 기름, 국 국물 각 조금

조리법 새우는 껍질을 벗겨서 놓고 죽순은 살짝 데쳐서 납작납작하게 썰어 놓고 표고는 물에 불려 십자로 썰어 놓고 파도 세로로 썰어 놓습니다. 냄비에 기름을 조금 붓고 펄펄 끓이다가 새우를 넣고 들들 볶다가 생강, 죽순, 표고 썬 것을 넣고 소금으로 간을 맞춰 국물을 조금 붓고 끓거든 갈분가루를 조금 타서 후춧가루와 마늘 썬 것을 섞어 접시에 담아 놓습니다.

짜진파(炸金牌) | 1939

炸金牌(작금패)

재료 염제육(햄) 187.5g(원문은 50문), 계란(흰자) 세 개, 쌀가루 56.25g(원문은 15문), 소금 조금, 기름

조리법 염제육은 얇게 썰고 계란은 흰자위만 거품이 나도록 저어서 쌀가루를 섞어 놓고 냄비에 기름을 펄펄 끓여 햄을 한 쪽씩 계란에 무쳐 튀겨내고 또는 감자를 조금 길게(기름기름하게) 썰어 곁들여도 좋습니다.

반씬샌(拌工鮮) | 1939

拌工鮮(반공선. 죽순고기로 냉채)

재료 해삼 11개, 성순 반 근, 해예피(海藝皮, 해파리) 조금, 전복(鮮鮑) 두 근, 수육(熟肉, 편육) 75g(원문은 20문), 참기름(麻油), 간장(醬油), 초, 겨자(芥子)

조리법 해삼은 불려서 납작납작하게 썰어 놓고 죽순은 삶아서 납작납작하게 썰어 놓고 전복도 얇게 썰어 놓고(원문은 얄판얄판하게) 해파리(원문은 구라게)도 잘 씻어서 얇게(원문은 얄판얄판하게) 썰어 놓는다. 파도 채로 썰어 놓고 간장에 초를 친 다음 겨자를 풀어서 참기름을 조금 치고 재료에 섞어 접시에 담아 놓습니다.

빈쟈쌰(蕃茄蝦) | 1939

蕃茄蝦(번가하, 새우를 토마토소스로 지지는 법)

재료 보리새우(芝蝦) 187.5g(원문은 50문), 계란 반 개, 소금, 술, 갈분가루(粉團), 기름, 토마토소스, 죽순(半杯筍), 완두콩(원문은 끄린피스)

조리법 새우는 껍질을 벗기고 술과 소금에 주물렀다가 갈분가루에 계란 반 개를 섞어서 펄펄 끓는 기름에 잘 튀겨 냅니다. 냄비에 기름을 조금 넣고 끓이다가 토마토소스(원문은 일년감집)를 넣고 소금으로 간을 맞춰서 완두콩과 갈분가루를 조금 타 새우 튀긴 것을 섞어서 접시에 담습니다.

《동아일보》 1939년 5월 15일 기사 (뉴스)

강습회에 실습할 지나요리 몇 가지(二)

주어원(煮肉圓) | 1939

煮肉圓(자육원, 고기완자)

재료 돼지고기 반 근, 청대콩 반 공기, 소유(素油, 식물성 식용유), 참기름(麻油), 간장(醬油), 닭 육수(鷄湯), 백설탕 반 공기, 파, 생강, 찹쌀가루

조리법 돼지고기는 잘 다지고 파, 생강도 다져 넣고 간장과 술을 넣고 찹쌀가루도 조금 넣어서 잘 섞는다. 기름을 많이 붓고 펄펄 끓이다가 한 개씩 만들어서 튀겨내고 냄비에 기름을 조금 붓고 펄펄 끓이다가 청대콩을 넣고 들들 볶다가 고기완자와 물을 붓고 뚜껑을 덮고 끓이다가 간장과 설탕으로 간을 맞춰서 그릇에 담아 놓습니다.

짜와-구(炸排骨) | 1939

炸排骨(작배골, 갈비볶음)

재료 돼지고기 한 근, 기름, 황주(黃酒), 짐(斱), 생강

조리법 돼지갈비를 간장, 술, 파, 생강에 30분 동안 재우고 냄비에 기름을 펄펄 끓여서 갈비에 갈분가루를 조금 섞어 잘 튀겨낸 다음 다른 냄비에 갈비를 넣고 초, 설탕, 희량, 간장을 넣고 볶으면 빛이 검붉어집니다. 접시에 담아 놓습니다.

진짠빤리쓰(金羔拌梨絲) | 1939

金羔拌梨絲(금고반리사, 아가위(산사나무 열매)와 배로 만드는 법)

재료 배 두 개, 백설탕 약간, 아가위 양갱(酸渣糕, 산사고)(원문은 아가위요간) 한 덩어리

조리법 배는 껍질을 벗겨 얇게 썰어 놓고 산사고(산사나무 열매 양갱)도 얇게 썰어 접시에 겹겹이 담아 놓고 설탕물을 타 부어서 먹습니다.

궈싼지(錦燒鷄) | 1939

錦燒鷄(금소계, 닭고기덴뿌라)

재료 암탉 한 마리, 파 한 개, 생강, 소금, 술 90ml(원문은 5작), 밀가루, 우로, 계란 한 개

조리법 닭을 잡아 털을 잘 뽑고 항문으로 창자를 빼고 깨끗이 씻어 파를 조금 길게 썰고 생강은 넓적넓적하게 썰어 항문에 파, 생강, 술, 소금을 넣고 시루에 한 시간쯤 쪄서 톡톡 썰어 놓는다. 밀가루를 계란과 물로 개서 놓고 냄비에 기름을 펄펄 끓이다가 닭을 밀가루에 무쳐 가지고 잘 튀겨냅니다. 먹을 때 후춧가루와 소금을 조금씩 뿌려 먹습니다.

홍쏴다-위(紅燒鯛魚) | 1939

紅燒鯛魚(홍소조어, 도미찜)

재료 도미 한 마리, 홍당무, 목이버섯, 양파(玉葱), 완두콩, 생강, 간장, 설탕과 초 각각 조금, 기름 한 근, 갈분가루, 술

조리법 도미는 비늘을 잘 긁어내고 아가미로 창자를 꺼내 등 위도 잘 도려내 술, 간장, 생강에다 한 시간쯤 재웁니다. 기름을 펄펄 끓이면서 생선에 갈분가루를 바르고 기름에 넣고 잘 튀겨 냅니다. 바싹 튀겨낸 다음에 접시에 담아 놓고 냄비에 기름을 조금 붓고 펄펄 끓이다가 홍당무 조금 썬 것과 양파를 채로 썬 것, 목이버섯 썬 것을 넣고 들들 볶다가 간장, 설탕, 초로 간을 맞춰 국물을 붓고 끓거든 갈분가루를 물에 탔다가 녹진하게 풀어서 생선 위에 부워서 놓습니다.

《동아일보》 1939년 5월 16일 기사(뉴스)
강습회에 실습할 지나요리 몇 가지(三)

짝웬싼(炸元宵) | 1939

炸元宵(작원소, 찹쌀경단)

재료 쌀가루 한 근, 팥 고물 반 공기, 팥 설탕, 돼지기름 한 근

조리법 찹쌀가루를 찬물에 반죽해서 동글동글하게 만들어 팥 고물을 넣고 경단처럼 만들어 가지고 기름을 펄펄 끓이다가 한 개씩 한 개씩 집어넣어 튀겨 낸 다음 설탕을 살짝 뿌립니다.

싸럭펜(炸肉片) | 1939

炸肉片(작육편, 덴뿌라)

재료 돼지고기 187.5g(원문은 50문), 생강, 술, 소금, 갈분가루, 계란 한 개, 기름

조리법 고기를 얇게 썰어서 생강즙과 술을 조금 쳐 주물러 놓고 계란에 소금을 조금 넣어 잘 저은 후 갈분가루를 물에 가라앉혔다가 된 것을 넣고 잘 섞어서 펄펄 끓는 기름에 가루를 묻혀 한 개씩 잘 튀겨 냅니다.

리워펜(溜魚片) | 1939

溜魚片(유어편)

재료 선어(鮮魚, 신선한 생선, 어떤 생선이든지 살이 희고 연한 것), 햄 75g(원문은 20문), 파, 기름 한 근, 완두콩, 술, 백설탕, 후춧가루, 국물, 죽순

반 개, 갈분가루

조리법 생선은 얇게 썰어 갈분가루, 술, 생강, 소금에 묻혀 기름에 튀겨내고 국물에 죽순을 넣고 생선을 넣고 염제육햄과 완두콩을 넣은 다음 갈분가루를 녹진하게 풀어 간을 맞추고 후춧가루를 뿌려 먹습니다.

홍싼춘순(紅燒春筍)|1939

紅燒春筍(홍소춘순)

재료 죽순 두 개, 돼지고기 75g(원문은20문), 생강, 간장, 설탕, 기름

조리법 죽순은 껍질을 벗겨 정사각형 모양으로 썰고 돼지고기도 죽순과 같은 모양으로 썰고 생강은 칼등으로 짓이겨 놓고 기름을 부은 냄비에 죽순, 고기를 넣고 생강, 간장, 설탕을 넣어서 잘 볶다가 국물을 조금 붓고 뚜껑을 덮은 후 국물을 없앨 정도로 졸입니다.

우샹차예단(五香茶葉蛋)|1939

五香茶葉蛋(오향다엽단, 홍차에 계란 담그는 법)

재료 계란 10개, 홍차, 회향(茴香)(원문에는 회상) 5개, 소금

조리법 계란 열 개를 먼저 반죽해 깨지지 않을 정도로 껍질을 톡톡 두들겨 노른자가 깨지지 않도록 금을 냅니다. 그리고 이것을 깊은 냄비에 넣고 상등품 홍차를 큰 숟가락으로 두 술과 소금을 조금 넣고 여기에 끓는 물을 계란이 잠길 정도로 붓습니다. 회상 다섯 개를 넣어서 약 두 시간가량 끓여 냅니다. 식힌 후에 껍질을 벗기고 무명실로 가로 네 토막으로 잘라 접시에 담아 놓습니다. 이렇게 삶아낸 계란은 붉은 무늬가 전과 같은 모양으로 되어 대단히 곱습니다.

찬페차뤄스(炒韭菜肉絲) | 1939

炒韭菜肉絲(초구체육사, 부추잡채)

재료 돼지고기 187.5g(원문은 50문), 부추, 기름, 간장

조리법 고기는 살코기로 연한 부분을 골라 가늘게 썰고 부추는 잘 씻어서 한 치 가량으로 썰고 냄비에 기름을 펄펄 끓이다가 고기를 넣고 들들 볶습니다. 간장을 치고 부추를 넣어 빠르게 볶습니다. 부추가 너무 익어도 못 쓰니 조금 익었을 때 꺼냅니다.

《동아일보》 1939년 5월 17일 기사(뉴스)

강습회에 실습할 지나요리 몇 가지(四)

찬쎄빈(炒蟹粉) | 1939

炒蟹粉(초해분, 게살볶음)

재료 암게 두어 마리(시루에 쪄 살을 잘 발라 놓은 것), 돼지기름, 간장, 술, 설탕, 닭 육수, 마늘, 새우, 식초

조리법 냄비에 기름을 붓고 펄펄 끓이다가 게살과 새우를 넣고 볶다가 술을 넣고 더 볶다가 닭 육수를 넣고 끓이다 설탕을 넣고 간장, 소금으로 간을 맞춰 접시에 담아 마늘을 살짝 뿌려 먹습니다.

하-저피페뤄버쓰(海蟄皮培蘿葍絲) | 1939

海蟄皮培蘿葍(해칩피배나복사, 해파리와 무채로 냉채)

재료 해파리(海蟄皮, 해칩피)(원문은 구라게), 무, 파, 참기름, 초, 간장, 설탕

조리법 해파리는 잘 씻어서 채로 썬 후 잘 씻어 끓는 물에 잠깐 담근 후

190

체로 받친 후 마른 행주에 싸 꼭 짜 놓는다. 무는 껍질을 벗긴 후 채 썬 다음 소금을 뿌려 잠깐 절였다가 행주에 싸 물기를 꼭 짜 놓는다. 파는 채를 쳐서 해파리, 무채 썬 것을 섞어 간장, 초, 설탕으로 간을 하고 참기름을 조금 쳐 접시에 담아 놓습니다.

뤼황차(溜黃菜) | 1939

溜黃菜(유황채, 계란부침)

재료 계란 다섯 개, 햄 75g(원문은 20문), 해삼, 생강, 파, 닭 육수, 간장, 돼지기름, 갈분가루

조리법 계란을 잘 풀어서 해삼, 햄, 파, 생강을 잘 다져 계란을 푼 것에다가 넣고 닭 육수와 간장을 넣고 갈분가루를 물에 풀었다 넣어서 잘 섞은 다음 강한 불에 볶아 냅니다.

쉐쟈즈(水饅子) | 1939

水饅子(수만자, 물만두)

재료 돼지고기 375g(원문은 100문), 부추 187.5g(원문은 50문), 생강, 간장, 기름, 밀가루

조리법 고기는 잘 다져서 간장과 기름을 넣어 잘 재워 놓고 부추는 잘게 썰어 고기에 섞어 간을 맞춰 놓습니다. 밀가루는 국수 반죽하듯 해 잘 치대서 엽전(원문은 돈짝) 크기로 동글동글하게 빚어 방망이로 잘 밀어 고기를 싸서 잘 빚어 놓고 냄비에 물을 많이 끓이다가 만두 빚은 것들을 넣고 잘 삶아서 대접에 담아 놓습니다.

까리핀귀(高麗蘋果) | 1939

高麗蘋果(고려평과, 사과튀김)

재료 사과 두 개, 팥 고물 75g(원문은 20문), 강유(綱油) 기름, 계란 흰자

조리법 사과는 껍질을 벗겨 얇게 썰어 두 쪽을 맞게 하여 가운데 팥 고물
을 넣고 기름에 싸 냄비에 기름을 펄펄 끓이다가 사과를 계란 흰자
위에 묻힌 후 한 개씩 튀겨 냅니다.

'중화요리'란 무엇일까? 굳이 중화요리를 정의한다면, '중국이 아닌 다른 나라의 대중적인 중국요리'를 가리킨다. 이 책에서는 이렇듯 우리가 흔히 즐겨 먹는 중화요리들에 담겨 있는 화교 이야기를 풀어내고, 한국 화교의 입장에서 한국의 중화요리를 살펴보았다. 마지막으로 공화춘의 후손 인터뷰를 소개하면서 이 글을 마치고자 한다.

공화춘의 후손을 만나다 - 우신후 씨와의 인터뷰

공화춘(共和春). 진유광의 《중국인 디아스포라: 화교 이야기》에 따르면, 공화춘은 전설적인 중화요리점이다. "오늘날 공화춘은 화교 사회의 모범적인 가정이기도 하다"라고 기술하면서, 공화춘의 제2대 사장이자 인천화교자치구 구장 및 인천화교협회 회장과 인천화교중산중

옛 공화춘 자리. 현재 짜장면박물관으로 사용 중이다.

학교의 이사장을 역임한 우홍장(于鴻章, 1914~1993)과 슬하의 3남을 이
례적으로 일일이 소개한다. 그만큼 공화춘 가문이 한국 화교 사회에
서 매우 비중 있는 위치에 있었다는 것이다.

　우신후(于信厚)는 우홍장의 3남 우심강(于心强)[1]의 장남으로 산동회
관(山東會館)과 공화춘의 경영자 우희광(于希光, 1886~1949)의 4대손이
다. 우심강은 인천화교중산중학교의 국어 선생님이자 교무주임이었

1　진유광의 《중국인 디아스포라》에서는 큰아들 우심강과 셋째 아들 우심진(于
　心辰)의 이름이 바뀌어 기술되어 있다. 큰아들이 우심진(于心辰) 셋째 아들이
　우심강(于心强)이다.

다. 우신후는 교육자 집에서 태어난 셈이다. 우신후는 인천화교중산중학교를 나와 대만(臺灣) 대전련고[1]를 통해 명문대인 정치대학교(政治大學)에 입학했다. 그는 졸업 후 한국으로 돌아와 모교의 교사 임용을 거절한 뒤 인천 송현동에서 슬하에 2남을 두고 아내와 살고 있다. 한국 화교 사회에서 매우 보기 드문 재한 화교 4.5세다. 가히 "화교 사회의 모범적인 가정"이라 할 수 있겠다. 우신후는 필자와 동기동창생으로 초·중·고 학창 시절을 줄곧 같은 반에서 보냈다.

인터뷰 동기는 매우 단순했다. 얼마 전 종합편성채널의 한 프로그램에서 '공화춘의 후예'가 언급되었기 때문이다. 당연히 '그 친구가 나오겠지?'라고 생각하면서 시청했는데, 예상과 크게 달랐다. 필자는 인터뷰 장소를 지금의 짜장면박물관인 공화춘으로 정했다. 그가 태어나고 자란 곳이다. 예상치도 못했다. 그는 그 장소를 매우 불편해하고 꺼렸다. 그러면서 "꼭 거기서 인터뷰해야 돼?"라고 회답했다. 필자는 의아한 마음으로 장소를 바꿔 인터뷰를 진행했다. 인터뷰는 2015년 7월 18일 오후 2시 인천 신포동의 어느 커피숍에서 이루어졌다.

위 프로그램에서 소개한 것은 뜻밖의 인물인 우희광의 외손녀 왕애주(王愛珠)였다. 이에 대해 우신후는 매우 복잡한 심경을 토로했다.

---

1 한국의 화교학교에서는 매년 대전련고(大專聯考, 대만의 대입 시험)를 실시한다. 응시생들의 성적과 대입 지원서에 따라 합격 여부가 결정된다.

우희광의 외손녀가 운영하는 중화요리점.

이른바 가적공화춘.

"가적공화춘 알지?"

인천 차이나타운에는 또 하나의 공화춘이 있다. 화교 사회에서는 가적공화춘(假的共和春)이라고 불린다. 가적공화춘의 회사명은 '(주)공화춘 프랜차이즈'다. 이 회사의 연혁은 다음과 같다.

연도	내용
1998	공화춘 재건 프로젝트 수립
2000	공화춘 브랜드 개발
2001	공화춘 브랜드 상표출원(제41-2002-0008072)
2002	공화춘 브랜드 상표등록(제41-0091538)
2003	공화춘 브랜드 2차 개발 수립
2003	인천 차이나타운 내 공화춘 본점 착공
2004	공화춘 차이나타운 본점 오픈
2004	공화춘 경기도 이천점 오픈
2004	공화춘 수원점 오픈
2004	공화춘 인천시 문화재로 지정
2004	공화춘 박물관 건립 발표(인천시)
2005	자장면의 100년의 해로 공식 선포
2005	각종 매스컴에 공화춘 자장면의 원조로 공식 보도 (MBC 9시 뉴스 / KBS 9시 뉴스 / SBS 8시 뉴스 / YTN 뉴스 등)
2006	공화춘 체인사업부 공식 출범 프랜차이즈 체인 사업 개시

(주)공화춘 프랜차이즈 연혁표[1]

위 연혁표에서 알 수 있듯이 가적공화춘은 2004년과 2005년에 있었던 '문화재로 지정'과 '공화춘 박물관 건립 발표' 그리고 '각종 매스컴에 공화춘 자장면의 원조로 공식 보도'와 같은 내용을 공화춘(共和春)과 구분 없이 기재한다. 한국 화교 사회에서 가적 공화춘으로 불리는 이유가 충분하다. 다시 연표를 보면, 1998년 '공화춘 재건 프로젝트'는 결국 '공화춘 브랜드 개발'과 '공화춘 브랜드 상표출원' 그리고 '공화춘 브랜드 상표등록'이 아닌가? 낡은 성격의 자본주의, 즉 천민자본주의(pariah capitalism)의 전형이다. 우희광을 비롯한 3대 선친이 피땀 흘려 이룬[24] 전설적인 중화요리점의 명성을 그대로 가져간 셈이다.

"가적공화춘 하고 소송한 거 알지?"

많은 사람이 이 소송이 상표권 등록 때문에 일어났다고 알고 있다. 사실은 그렇지 않다. 초창기 가적공화춘(假的共和春)은 '공화춘(共和春)의 후예'라는 이름을 내걸고 중화요리점으로 성황을 이루었다. 하(賀)모 씨를 주방장으로 영입하고 공화춘의 후예라고 내세운 것이다. 단도직입적으로 말해, 하모 씨는 공화춘 가문의 후예가 아니다. 공화

---

1   공화춘이 인천광역시 근대문화재로 지정된 시기는 2006년 4월 14일이다. 2004년에는 '인천광역시 가치 있는 건물'로 지정되었다. (주)공화춘 프랜차이즈 홈페이지는 다음과 같다. http://www.gonghwachun.co.kr/.

춘이 영업을 중단할 때까지 하모 씨는 공화춘 주방에서 일을 했다고 한다. 2000년대 초 우신후를 비롯한 공화춘 후손들이 중단했던 영업을 재개할 계획을 세웠다. 이때 하모 씨를 주방장으로 영입했다. 하모 씨는 공화춘에서 오랫동안 일을 해왔기 때문에 공화춘의 후손이 '삼촌'이라고 부를 정도로 각별했다. 주방장으로 영입한 이유이기도 했다. 그러나 하모 씨가 아무런 예고도 없이 변절했다고 한다. 어느새 가적공화춘의 주방장이 되어 있었다. 우신후는 분명히 말했다. "그 소송은 '상표권 등록'이 아닌 '후예'의 명예 때문에 결정한 소송이라고."

"인천 중구청이 더 짜증나!"

소송판결문의 요지는 당시 공화춘이 영업을 하고 있지 않았기 때문에 가적공화춘의 상표권 등록은 정당하지만, 공화춘 후손이 아니기 때문에 '공화춘의 후예'라는 문구는 사용할 수 없다는 것이었다. 공화춘은 2004년 가치 있는 건물로 선정되었다고 한다. 그래서 건물 외관에 손을 댈 수 없었다고 한다. 2006년에는 인천광역시 근대문화재로 지정되면서 영업 재개는 더욱 어려워졌다. 왜냐하면 그동안 영업을 하지 않고 방치된 상태라 폐허에 가까운 외관으로 영업할 수는 없었기 때문이다. 참고로 소송은 2008년에 있었다. 이 이율배반적인 상황에서 우신후의 가족은 공화춘 한 켠에 살고 있었다고 한다. 이때 공화춘의 소유자는 우심강과 연고를 알 수 없는 손모 씨였다. 사실 산동회관과 공화춘은 우희광의 개인 소유가 아니다. 여러 명의 합자(合資)로 이루어졌는데, 한국전쟁이 끝난 후 우신후의 조부 우홍장이 여러 명의 지분을 모두 매입해서 공화춘을 개인의 소유로 만들었다. 이 과정에서 연락이 닿지 않던 합자인(合資人) 한 명이 있었는데, 그 사람이 바로 손모 씨다. 우신후는 지금도 이 손모 씨의 후손을 계속해서 찾는 중이라고 했다.

얼마 후 인천 중구청에서는 공화춘의 매각을 권유했다고 한다. 구청에서는 공화춘을 짜장면박물관으로 운영하고자 했는데, 제시한 조건이 공화춘의 일부분에서 중화요리점으로 영업을 할 수 있다는 것이었다. 그런데 매각이 이루어지고 얼마 지나지 않아 조건이 바뀐다. 공화춘이 근대문화재로 지정되었기 때문에 그 안에서 영업할 수 없다는 것이었다. 그러면서 짜장면박물관 한 코너에서 입장객을 위해 시식 및 짜장면 조리 시연과 동시에 짜장면 판매를 할 수 있도록 조건을 수정했다. 또 얼마나 지났을까? 구청에서는 입장객을 위한 짜장면의 조리 시연과 판매는 괜찮은데, 공화춘이 근대문화재로 지정되었기 때문에 불의 사용이 엄격히 금지되어 있다고 통보했다. 그러면서 시식 코너는 임대이며, 짜장면 조리 시연의 비용 또한 우신후측에서 부담하는 것으로 조건이 수정되었다. 이때 우희광의 외손녀인 왕애주가 운영하는 중화요리점에서 짜장면을 만들어 공화춘으로 배달하는 형식이 논의되었다. 왕애주가 운영하는 중화요리점은 공화춘과 매우 가까워 가능했지만, 뻔히 보이는 적자 앞에서 구청과 동업을 포기하기로 했다. 우신후는 구청에서 포기를 유도했다고 한다. 격분하면서 "사기당한 느낌이야! 매번 조건을 제시하는 공무원도 다르고, 서로서로 책임을 전가하고, 전의 공무원은 전출되었다고 하는 식이야!"라고 했다. 이것이 그가 울분을 토하고 인천 차이나타운을 떠난 이유라고 했다. 이에 음식점을 운영하는 '공화춘의 후예'로는 왕애주가 되는 것이다. 비록 외가 쪽이라도 말이다.

인터뷰를 마치고 필자의 머릿속에서 영화의 한 장면이 떠올랐다. 〈마지막 황제(The Last Emperor)〉(1987)의 마지막 장면인데, 중국의 마지막 황제 부이는 결국 입장권을 사서 자신이 태어나고 자란 자금성에 들어간다. 공화춘의 제4대손인 우신후가 자신이 태어나고 자란 공화춘을 불편해하고 꺼리는 마음을 조금이나마 헤아릴 수 있을 것 같다.

1   대만 중앙연구원 근대사연구소 소장 자료, 소장번호 01-41-005-07 참고.

2   대만 중앙연구원 근대사연구소 소장 자료, 소장번호 01-41-015-04 참고.

3   대만 중앙연구원 근대사연구소 소장 자료, 소장번호 01-41-005-07 참고.

4   대만 중앙연구원 근대사연구소 소장 자료, 소장번호 01-41-011-01 참고.

5   〈건립 때부터 조선 소유…1897년 中문서·주한 日공사관에도 기록〉,《경인일
     보》, http://m.kyeongin.com/view.php?key=20210923010003807; 〈인천
     차이나타운 내 '회의청' 건물, 청국 아닌 조선 최초 전보국이었다〉,《경인일
     보》, 2021. 9. 24, http://m.kyeongin.com/view.php?key=2021092301000
     3757.

6   대만 중앙연구원 근대사연구소 소장 자료 소장번호 02-35-041-03 참고.

7   《인천화교역사자료(仁川華僑歷史資料)》, 인천화교협회, 2006년.

8   〈廣東料理開業(광동요리개업)〉,《조선일보》, 1921. 2. 18. 참고.

9   주희풍, 〈중화루의 대표요리 '용호투' 아시나요?〉,《인천지창(仁川之窓)》,
     2018 여름, 30~33쪽.

10   1924년 3월 14일《조선신문》8면 참고.

11   〈潮州的旧商号〉,《潮商》, 2007년 제6기(第6期), 80~81쪽 참고.

12   〈吳監理司餞別會(오감리사전별회)〉,《동아일보》, 1921. 8. 15. 참고.

13 〈한 장의 진귀한 옛 사진 산둥요리의 향기가 해외에 퍼진 것을 증명한다(一幅珍貴老照片 見證魯菜香海外)〉,《옌타이일보(煙台日報)》, 2009. 7. 11.

14 왕환리(王煥理), 〈인천 중화루(仁川的中華樓)〉,《민속연구(民俗研究)》, 1999 제2기(第2期), 90쪽.

15 2021년 8월 24일 인천화교학교 전·현직 이사장과 인천화교협회 전·현직 회장 및 고문(顧問) 등 다섯 명과 동시에 진행한 인터뷰.

16 진유광 지음, 이용재 옮김,《중국인 디아스포라》, 한국학술정보, 2012, 145~146쪽.

17 주희풍, 앞의 글, 30~33쪽.

18 《海朵伴"全家福"》, 黎玫的博客, 2006, http://blog.sina.com.cn/211314a.

19 〈原标 : 国宴"全家福"原名海朵拌〉,《掌灶大师傅揭秘红色菜肴背后的故事》, 千龍網, 2014, http://beijing.qianlong.com/3825/2014/10/05/8585@9917 512.htm.

20 위의 글.

21 네이버 지식백과 참고, http://terms.naver.com/entry.nhn?docId=1989932 &cid=48164&categoryId=48206

22 두산백과 참고, http://www.doopedia.co.kr/doopedia/master/master. do?_method=view&MAS_IDX=101013000782125

23 위키백과 참고, http://ko.wikipedia.org/wiki/%EC%B6%98%EA%B6%8C

24 진유광 지음, 이용재 옮김,《중국인 디아스포라》, 한국학술정보, 2012, 139~144쪽.

요리사진 제공: 서은미 작가

한국 중화요리의 탄생

초판 1쇄 발행 | 2024년 3월 4일

지은이 | 주희풍
기   획 | 인천문화재단 인천문화유산센터

펴낸이 | 한성근
펴낸곳 | 이데아
출판등록 | 2014년 10월 15일 제2015-000133호
주   소 | 서울 마포구 월드컵로28길 6, 3층 (성산동)
전자우편 | idea_book@naver.com
페이스북 | facebook.com/idea.libri
전화번호 | 070-4208-7212
팩   스 | 050-5320-7212

ISBN 979-11-89143-44-2 (03910)